근대 국가

Vita
Activa 개념사 25

근대 국가

김준석 지음

책세상

차례

근대 국가는 서구의 발명품이다

근대 국가modern state는 서구의 발명품이다. 좀 더 정확하게 말하면 근대 국가는 우리가 중세 말-근세 초기라 부르는 15~18세기에 프랑스, 영국, 스페인, 스웨덴 그리고 현재 독일어권을 이루는 지역의 일부에서 처음 등장한 '유럽제made in Europe'이다. 이후 근대 국가의 존재 양식은 세계 여타 지역으로 확산되었고, 오늘날 근대 국가는 '국가the state' 그 자체와 동일시되곤 한다. 즉, 근대 국가는 역사적으로 특정한 장소와 시기에 생겨나서 여러 세기에 걸쳐 그 지리적 범위를 확대하는 데 성공한 제도이다. 이러한 성공이 너무나 획기적인 것이어서, 애초에 유럽에서 근대 국가가 등장할 수 있었던 환경이 부재한 곳에서도 이 서구식 모델을 따르는 것이 하나의 '규범'으로 여겨지게 되었다. 혹은 경제 수준이나 사회적 역량이 근대 국가 건설에 필요한 정도에 한참 미치지 못하는 곳에서도 '근대 국가처럼 보이는' 정치 제도를 갖추기 위해 많은 에너지를 허비하기도 했다.

이는 한국을 비롯한 동아시아 국가들에서 특히 두드러진 현상이다. 이 지역의 국가들은 19세기 중반 일본을 필두로 하여 근대 국가 모델을 수입하기 시작한 이래 이 모델의 가치와 원칙을 다른 어떤 비서구권 국가들보다 '열렬하게' 지켜왔고, 이러한 추세는 지금도 계속되고 있다. 이는 역설적인 일이라 하지 않을 수 없다. 정작 이 모델의 발상지인 유럽에서는 이에 대한 회의와 비관주의가 만연한 가운데 모종의 대안을 모색하려는 노력이 한창이기 때문이다. 단적인 예로 다수의 유럽 국가들이 '유럽연합 European Union'이라는 지역 국가 연합을 통해 근대 국가를 초극하려는 노력을 본격화하는 반면에, 중국은 세계 정치 무대에서 전통적인 국가 모델의 수호자로 자처하는 현실을 우리는 목도하고 있다.

단순히 동아시아 국가들의 '시대에 뒤처진' 태도를 비판하려는 것이 아니다. 이 국가들이 근대 국가를 옹호하는 것은 그것이 나름대로 유용하기 때문이다. 오랜 기간 서구 열강의 (후에는 일본도 가세한) 제국주의적 침탈의 역사를 경험한 동아시아 국가들에게 자주성, 독립성을 강조하는 근대 국가는 그들이 생각할 수 있는 최선의 대안이었다. 근대 국가는 또한 서구 열강이 그토록 압도적인 힘을 축적할 수 있었던 '비결'로 생각되었다. 강대국에 맞서 스스로를 지키기 위해서는 그 비결을 자기 것으로 만들어야 했다. 하지만 이러한 점을 고려하더라도 동아시아 국가의 (그

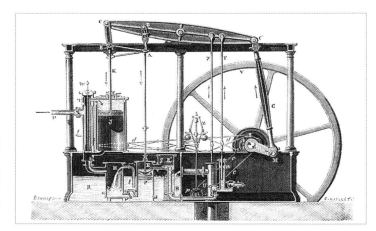

18세기 영국 산업 혁명의 동력이 된 제임스 와트의 증기 기관. 근대 국가는 15~18세기에 유럽에서 등장한 서구의 발명품이다

리고 근대 국가의 효율성에 대한 믿음이 확고한 전 세계 비서구권 국가의) 시민들은 자국의 정치 체제의 근간을 이루는 근대 국가 모델을 역사화, 상대화하는 태도를 가질 필요가 있다. 즉 근대 국가의 존재 자체를 최고의 가치로 여기는 태도를 경계해야 한다. 근대 국가는 그 장점만큼이나 단점 또한 상당한 제도이기 때문이다. 또 정치, 경제, 사회 시스템의 '지구화globalization'가 빠르게 진행되고 있는 오늘날의 현실에서 근대 국가의 한계가 더욱 두드러지고 있기 때문이다.

　이러한 문제의식을 바탕으로 이 책에서는 역사적으로 특수한 현상으로서의 근대 국가를 조명하는 데 초점을 맞췄다. 이러한 작업은 한국의 국가 문제를 생각해보는 데도 유용할 것이다. 한국에서 근대 국가의 건설은 1945년 해방 이후 본격화되기 시작해 한국 전쟁과 개발독재 시대를 거쳐 그 골격이 완성되었고, 이는 민주화 이후에도 큰 변화 없이 현재까지 계속되고 있다. 최근 들어서는 복지 문제 등을 둘러싸고 '어떤 국가를 만들 것인가'에 관한 의미 있는 논쟁이 벌어지고 있다. 이와 함께 분단된 한반도의 현실로 인해 통일 이후 국가 건설의 문제도 중요한 이슈로 남아 있다. 역사화되고 상대화된 근대 국가에 대한 고찰은 이러한 논쟁을 더욱 풍부하게 만들어줄 것이다.

1장

근대 국가란 무엇인가

1

폭력

근대 국가의 정의와 역할

근대 국가란 무엇인가? 근대 국가는 어떻게 정의되는가? 근대 국가의 정의는 그에 관한 연구서들의 숫자만큼이나 다양하게 존재하지만 가장 일반적이고 상식적인 수준에서 받아들여질 수 있는 정의는 다음과 같다. '근대 국가는 상비군, 관료제, 조세 제도 등의 수단을 통해 일정한 지역 내에서 중앙 집중화된 권력을 행사함으로써 대내적으로는 사회 질서를 안정적으로 유지하고, 대외적으로는 다른 국가들과 경쟁하면서 이들로부터 배타적인 독립성을 주장하는 정치 조직 또는 정치 제도이다.' 그 의미를 보다 명확히 하기 위해 부가적인 설명이 필요하다.

먼저 근대 국가는 대내적인 측면과 대외적인 측면으로 구분된다. 현실에서 이 두 측면이 언제나 완전하게 분리되어 존재하는 것은 아니다. 하지만 적어도 개념상으로는 양자의 구분이 가능

근대 국가는 상비군, 관료제, 조세 제도 등의 수단을 통해 일정한 지역 내에서 중앙 집중화된 권력을 행사함으로써 대내적으로는 사회 질서를 안정적으로 유지하고, 대외적으로는 다른 국가들과 경쟁하면서 이들로부터 배타적인 독립성을 주장하는 정치 조직 또는 정치 제도이다.

한데, 이는 각각의 측면에서 근대 국가에 기대되는 역할이 다르기 때문이다. 먼저 근대 국가의 대내적인 측면부터 살펴보자. 대내적인 측면에서 근대 국가는 권력 수단의 독점을 통해 사회 질서를 유지하는 역할을 한다. 얼핏 보기에 이러한 특징은 너무나 당연해서 별도의 설명이 필요 없는 것처럼 보인다. 하지만 시간과 공간의 지평을 조금만 넓혀서 생각해보면 그러한 역할을 수행하기 위해서는 적지 않은 제도 혁신이 이루어져야 하고 또 상당한 시간이 투여되어야 한다는 것을 쉽게 알 수 있다. 상비군이나 관료제, 조세 제도 등의 권력 수단은 오늘날 모든 국가의 자연스러운 일부분으로 간주되지만 인류 역사 전체를 놓고 볼 때 국가가 이를 효과적으로 사용하기 시작한 것은 최근의 일이다. 이 제도들을 만들거나 도입해서 효과적으로 운용하는 것도 결코 쉬운 일이 아니었다. 일부 국가는 이에 성공했고, 다른 많은 국가들은 실패했다.

물론 근대 국가 이전에도 거의 모든 국가들이 사회의 안정과 질서 유지를 위해 나름의 방식으로 많은 노력을 기울였다. 그리고 그중 몇몇 국가는 그야말로 '태평성대'를 이루는 데 성공한 것도 사실이다. 하지만 이들 중 어떤 국가도 근대 국가만큼 효율적으로 그 힘을 사용하지는 못했다. 오늘날 우리가 예외적인 몇몇 경우를 제외하고는 국가의 질서 유지 기능 혹은 국가의 존재 자체를 특별하게 의식하지 않는다는 사실 자체가 역설적으로 근

대 국가의 효율성을 가장 극적으로 드러내주는 것이 아닐까. 소
말리아나 콩고의 예에서 보듯, 근대 국가 건설에 실패한 결과 사
실상 무정부 상태에 빠져 끊임없이 내전의 위협에 시달리고 있
는 아프리카의 여러 국가들은 근대 국가의 성취가 어떤 의미인
지 새삼 생각하게 한다.

폭력의 독점

베버

독일의 사회학자 베버Max Weber(1864~1920)는 근대 국가의 질서 유
지 기능을 '폭력violence의 독점'이라는 관점에서 이해했다. 베버
는 이에 따라 근대 국가를 "정당한 물리적 폭력 행사의 독점을
실효적으로 요구하는 인간 공동체"로 정의했다. 근대 국가에 의
해 폭력이 독점된다는 것은 구체적으로 무엇을 의미하는가? 이
는 사회 내에서 국가 이외의 개인, 집단이 서로에 대해 그리고
국가에 대해 '사적私的'으로 행사하는 폭력이 최소화되는 상태를
의미한다. 즉 개인과 사회 집단이 각자의 이익을 실현하고 상호
간의 갈등을 해결하기 위해 폭력적인 수단을 사용하는 계기가
최대한 배제되는 상태를 의미한다.

하지만 '폭력 독점체로서의 근대 국가'는 우리에게 사뭇 낯설
게 느껴진다. 이와 관련해 두 가지 질문을 던져볼 수 있다. 첫째,
폭력의 독점을 근대 국가의 본질적인 특성으로 볼 수 있는가? 폭

력을 독점한다는 것은 결국 그 폭력을 사용할 가능성을 함축하는데 근대 국가에서 폭력의 사용은 지극히 제한적인 경우에만 발견되는 예외적 현상이 아닌가? 둘째, 폭력의 독점이 근대 국가의 본질적인 특성이라면 근대 국가와 다른 폭력 집단의 차이는 무엇인가? 극단적인 예를 들자면, 일정한 지역 내에서 폭력을 독점하는 근대 국가와 일정한 '구역' 내에서 보다 은밀한 방식이기는 하지만 역시 폭력을 독점하는 조직폭력배의 차이는 무엇인가?

먼저 첫 번째 질문에 대한 답을 생각해보자. 사실 대내적인 차원에서 근대 국가는 폭력을 매우 제한적으로 사용한다. 이는 오랜 기간 사회적 안정과 질서를 유지해온 국가일수록 더욱 그러하다. 지극히 평온하고 안정된 사회 질서를 유지하고 있는 듯 보이는 스위스나 스웨덴에서 국가의 본질이 폭력에 있다는 주장이 현실성 있게 들리는가? 효율적인 근대 국가 건설에 성공한 대부분의 국가는 폭력을 극히 일부분에 국한해서 행사한다. 대부분의 국가에서 주로 경찰이 이 악역을 담당하고 있다. 물론 대다수 시민은 이러한 경찰의 폭력 행사와 무관하게 일상의 삶을 영위한다. 가끔씩 들려오는 경찰의 범죄 피의자에 대한 가혹 행위나 시민에 대한 폭력 행사 등에

스웨덴 국회

근대 국가는 사회의 안정과 질서를 위해 필요한 경우 사회 내의 어떤 개인, 어떤 집단에 대해서도 폭력을 행사할 '용의'가 있고 그럴 '준비'가 되어 있다.

관한 소식에서 경찰의 '폭력성'을, 그리고 그로부터 근대 국가의 '폭력성'을, 아주 희미하게 실감할 수 있을 뿐이다.

하지만 근대 국가는 사회의 안정과 질서를 위해 필요한 경우 사회 내의 어떤 개인, 어떤 집단에 대해서도 폭력을 행사할 '용의'가 있고 그럴 '준비'가 되어 있다는 것이 엄연한 사실이다. 적어도 '잠재적인 현실', '궁극적인 현실'로서 그러하다. 조세 제도를 한번 생각해보자. 만약 어떤 시민이 국가가 부과한 세금을 납부하지 않으면 어떤 일이 벌어질까? 아마도 재판을 받고 벌금을 내거나 감옥에 갇힐 것이다. 만약 그가 재판 받는 것도, 벌금을 내거나 감옥에 갇히는 것도 거부하면 어떻게 될까? 아마도 국가는 '공권력'을 사용해 그를 강제로 제재하려 할 것이다. 이 시민이 끝까지 처벌받기를 거부할 경우 국가는 강제로 그의 재산을 몰수하거나 그를 감옥에 가둘 것이다. 이 시민이 국가의 이러한 폭력 행사에 끝까지 저항할 수 있을까? 아마도 대부분의 경우 그 저항은 실패로 끝날 것이다. 결국, 근대 국가의 조세 제도를 궁극적으로 지탱하는 것은 시민이 도저히 저항할 수 없을 만큼 압도적인 폭력을 행사하는 국가의 능력이다.

조세 제도뿐만 아니라 근대 국가가 행하는 다른 역할에 대해서도 같은 맥락에서 설명할 수 있다. 효과적으로 폭력을 독점하여 행사할 수 있는 능력은 근대 국가가 존재하기 위한 충분조건은 아닐지라도 적어도 필요조건임에는 의심의 여지가 없는 것이다. 이와 관련해 미국의 사회학자 피터 버거Peter L. Berger의 견해를 기억해둘 필요가 있다. 그는 저서 《사회학에의 초대Invitation to Sociology》(이상률 옮김, 문예출판사, 1995)에서 이렇게 말한다.

사회를 통제하기 위해 사용되는 수단 중 궁극적이고 가장 오래된 것은 물리적 폭력이다……현대 민주주의 국가처럼 세련되게 운영되는 사회에서도 궁극적인 논거는 폭력이다. 어떤 국가도 경찰이나 군대 없이 존재할 수 없다. 이 궁극적인 폭력은 자주 사용되지 않는다. 또 경고나 견책의 형태로 수많은 단계를 거쳐야만 이 폭력이 사용될 수 있도록 되어 있다. 하지만 당신이 이 모든 경고를 무시한다면, 교통 범칙금을 납부하는 아주 사소한 문제의 경우에도 경찰관이 수갑과 죄수 호송차를 가지고 와서 당신 집 문을 두드릴 것이다.

폭력의 정당성

다음으로 두 번째 질문에 대한 답을 생각해보자. 근대 국가와 다른 폭력 집단은 어떻게 다른가? 예를 들어 세금을 내지 않는다는 이유로 시민을 감금하는 국가와, 역시 세금을 내지 않는다는 이유로 무고한 시민에게 린치를 가하는 '조직폭력배'를 구별하게 하는 특징은 무엇인가?

일견 '불경스럽게' 보이는 이 질문에 대한 가장 분명한 답변은

근대 국가는 자신이 통치하는 사회의 어떤 개인, 어떤 집단에 대해서도 압도적으로 우월한 폭력을 보유하고 있다는 것이다. 근대 국가 이외의 어떤 폭력 집단도, 심지어는 한때 시실리 섬을 비롯한 이탈리아 남부 지방을 사실상 '통치'했다고 알려질 정도로 엄청난 세력을 자랑했던 마피아조차도, 근대 국가에 버금가는 폭력 행사 능력을 보유하지는 못했다.

근대 국가의 폭력이 여타 폭력 집단의 폭력과 다른 또 하나의 이유는 국가의 폭력이 '정당하다legitimate'고 여겨지기 때문이다. 이는 베버가 내린 국가의 정의에 명확히 나타나 있는 바이기도 하다. 그렇다면 과연 무엇이 조직폭력배의 폭력과는 달리 국가 근대 국가의 폭력이 정당한 것으로 간주되는 까닭은 그것이 '합법적'으로, 그리고 시민의 동의에 기초해 행사되기 때문이다.

의 폭력을 정당한 것으로 만드는가? 근대 국가의 폭력이 정당한 것으로 간주될 수 있는 하나의 이유는 그것이 '합법적'이라는 데 있다. 추상적이고 일반적인 법의 용어로 통치자와 피통치자 사이의 관계를 규정함으로써 국가의 통치 행위를 공식화하는 경향은 근세 초 유럽에서 로마법의 수용이 본격화된 이래 근대 국가 건설의 핵심적인 일부분이었다. 그 결과 근대 국가는 폭력의 행사에 있어서도 미리 정해진 법적 절차와 규칙을 따르고 그러한 절차와 규칙이 부과하는 한계를 준수하게 되었다. 이러한 근대 국가의 법체계 내에서 폭력은 자의적인 요인을 덜어내고 최대한의 예측 가능성을 부여받는다. 물론 아무리 합법적인 폭력일지라도 폭력이 행사되는 순간, 폭력을 당하는 당사자에게는 물리적이고 강제적인 폭력일 뿐이다. 그럼에도 불구하고 덜 자의적이고 예측 가능한 폭력의 행사는 그에 대한 거부감을 일정 정도 경감시킨다.

근대 국가의 폭력이 정당한 것으로 간주되는 또 하나의 이유는 그것이 시민의 동의에 바탕을 두고 행사되는 것이기 때문이다. 조직폭력배와는 달리 근대 국가는 시민들에게 위임받은 바에 근거해 폭력을 행사한다는 것이다. 물론 시민들이 근대 국가의 폭력 행사에 직접 동의한다고 보기는 어렵다. 시민들은 먼저 자신들의 안전을 위해 서로 협력해 국가를 만들고, 국가로 하여금 폭력의 행사를 포함한 여러 수단을 사용해 자신들을 보호하

홉스

로크

도록 위임한다고 보는 것이 보다 적합하다. 사실 이는 우리의 상식에 잘 부합하는 답변이다. 또한 홉스Thomas Hobbes(1588~1679), 로크John Locke(1632~1704) 등 '사회 계약론'의 입장에서 국가의 등장을 설명하는 일반적인 방식이기도 하다.

하지만 국가 폭력의 정당성을 시민의 동의에서 찾는 이러한 설명 방식이 모든 근대 국가에 해당되는 것은 아니다. 이러한 설명 방식이 옳다면 근대 국가의 범위가 민주주의 국가로만 한정되어야 하기 때문이다. 만일 시민의 동의만이 국가의 폭력을 정당한 것으로 만든다면 그러한 동의 없이 폭력을 행사하는 모든 국가, 예를 들면 '짐이 곧 국가'라 할 정도로 절대적인 권력을 행사했던 루이 14세 치하의 17세기 프랑스나 중국 공산당 이외 다른 정치 세력의 정치 참여를 허용하지 않는 오늘날의 중국은 근대 국가로 불릴 수 없을 것이다. 하지만 이 두 국가는 모두 근대 국가로 간주된다. 근대 국가는 민주주의가 보편타당한 정치 원칙으로 자리 잡기 훨씬 이전부터 등장했으며, 폭력에 기반을 둔 근대 국가의 핵심적인 특징은 민주주의 국가, 권위주의 국가, 일당독재 국가 등에 공통적으로 나타난다.

폭력을 독점함으로써 사회의 안정과 질서를 보장하는 근대 국가의 역할에 대한 이상의 논의를 정리해보자. 먼저 국가를 폭력의 독점체로 이해하는 베버식의 견해는 문명화되고 합리적인 듯 보이는 근대 국가를 매우 낯선 존재로 만든다. 하지만 근대 국가가 원활하게 작동하기 위해서는 필요한 경우 폭력을 효과적으로 사용할 수 있는 능력과 태세를 갖추어야 한다. 이와 같은 근대 국가의 폭력 행사는 타 폭력 집단의 폭력 행사와는 사뭇 다른데, 그것은 한편으로는 국가의 폭력이 사회의 어떤 개인과 집단에 대해서도 압도적으로 행사되기 때문이고, 다른 한편으로는 그러한 폭력이 합법적으로 그리고 시민의 동의에 기초하여 행사됨으로써 정당성을 확보하기 때문이다.

2

전쟁

이제 근대 국가의 대외적인 측면에 관해서 생각해보자. 대외적으로 근대 국가는 '다국多國 체제' 내에 존재한다. 다국 체제란 실제 능력 면에서는 평등하지 않지만 법적, 규범적 차원에서는 평등한 것으로 간주되는 다수의 근대 국가들이 공존하는 상태를 의미한다. 그런데 이러한 근대 국가들의 공존은 평화와는 거리가 멀다. 현대 국제정치학에서는 불확실성과 잠재적 위험으로 가득 찬 근대 국가들의 다국 체제를 '무정부 상태'로 규정하기도 한다.

이 위험천만한 다국 체제에서 근대 국가들은 가용한 모든 수단을 동원해 치열하게 경쟁한다. 이는 근대 국가들 사이에서 공존의 질서를 보장하고 권위로써 갈등을 조정하는 '초월적인 중심부'가 존재하지 않는다는 사실의 논리적 귀결이다. 저마다 더큰 권력과 이익을 원하는 국가 간 갈등을 중재해줄 어떤 권위체도 부재할 때 자국의 생존을 보장받고 싶어 하는 국가들은 '다른 중세 말-근세 초 유럽에서 근대 국가라는 독특한 통치 조직이 등장해 폭력을 독점하고 중앙 집중화된 권력을 행사하게 된 가장 중요한 계기는 전쟁을 비롯한 근대 국가들 사이의 치열한 경쟁이었다.

모든 국가가 잠재적인 적'이라는 가정하에 행동할 수밖에 없다. 이렇게 해서 각 국가는 생존을 보장받고 원하는 바를 얻기 위해 모든 수단을 사용할 권리를 가지는데, 이 중 가장 규모가 크고 가장 폭력적인 수단이 전쟁이다. 그리고 이 극단적인 폭력으로서의 전쟁을 위해 인력을 모으고 자원을 동원하는 것이 근대 국가의 가장 중요한 임무이자 존재 이유이다. 오늘날 대부분의 국가에서 국가 예산의 가장 큰 비중을 차지하는 예산 중 하나가 국방 예산인 이유도 바로 여기에 있다.

그렇다면 근대 국가의 대내적인 측면과 대외적인 측면 모두 폭력의 문제와 관련되어 있음을 알 수 있다. 대내적으로 근대 국가는 사회를 사적인 폭력의 위험으로부터 보호하기 위해 폭력 행사의 권한을 독점한다. 대외적으로는 다른 국가의 폭력으로부터 자기 자신과 사회를 보호하고, 경우에 따라서는 자국의 이익을 실현하기 위해 폭력을 사용한다. 여기서 우리는 근대 국가의 두 측면이 별개의 것으로 존재하는 것이 아니라는 사실에 주목할 필요가 있다.

애초에 중세 말-근세 초 유럽에서 근대 국가라는 독특한 통치 조직이 등장해 폭력을 독점하고 중앙 집중화된 권력을 행사하게 된 계기는 무엇이었을까? 다음 장에서 좀 더 자세히 살펴보겠지만 가장 중요한 계기는 전쟁을 비롯한 근대 국가들 사이의 치열한 경쟁이었다. 이 경쟁은 실로 '생존 경쟁'이라 불릴 만한 것이

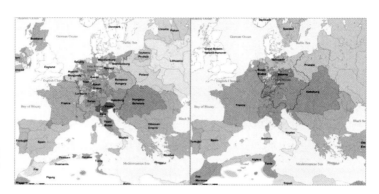

16세기 초와 18세기
말의 유럽 지도(왼쪽
부터)

었다. 16세기 초의 유럽 지도와 18세기 말의 유럽 지도를 한번
비교해보라. 어지럽게 대륙을 가로지르던 국가들 간의 국경선이
약 300년의 세월을 거치면서 많이 정리되고 단순화되었음을 알
수 있다. 그만큼 많은 수의 국가들이 치열한 경쟁을 거치면서 사
라져갔다. 이 시기는 '전쟁의 시대'라 불려도 손색이 없을 만큼
국가들 사이의 분쟁이 끊임없이 이어지던 시기였다.

계속되는 분쟁과 전쟁 속에서 유럽 각국은 보다 강한 군사력
을 키우는 데 모든 에너지와 관심을 쏟았다. 한 나라의 군사력은
사회의 가용한 인적, 물적 자원을 동원하고 이용함으로써 만들
어진다. 따라서 군사력을 키운다는 것은 더 많은 자원을 동원하
고 이를 더 효율적으로 이용하는 것을 의미한다. 즉 더 많은 인
원을 징병하고 더 많은 세금을 징수하며 더 많은 물자를 징발하

대외적인 측면과 대내적인 측면 사이에서 작용-반작용의 상호 작용이 계속 되풀이되는 가운데 근대 국가의 제도적 틀이 완성되었다.

여 이용하는 것이다. 그렇다면 국가가 더 많은 자원을 더 효율적으로 동원하고 이용하는 방법은 무엇인가? 그것은 권력의 집중을 통해 국가의 자원 동원에 걸림돌이 되는 사회 세력의 저항을 물리치고, 동원된 자원을 보다 효율적으로 이용하는 방안을 고안하여 채택하는 것이다.

근대 국가의 가장 대표적인 권력 기구라 할 상비군 제도, 조세 제도, 관료 제도는 모두 이러한 목적을 충족시키기 위해 고안된 제도들이다. 즉 이들은 모두 근대 국가의 원활하고 효율적인 전쟁 수행을 위한 제도들이다. 근대 국가는 상비군 제도를 채택함으로써 더 많은 수의 병사와 더 잘 훈련된 군대를 보유하게 되었고, 과거의 비효율적인 조세 제도를 개혁하고 정비함으로써 더 많은 재정 수입을 올리게 되었으며, 전문 지식을 갖추고 국가에 충성하는 관료들로 하여금 이 모든 과정을 관리하게 함으로써 정부 운영의 효율성을 제고했다. 다국 체제 내에서 국가들 간의 경쟁이 치열해질수록 이들 권력 기구에 대한 압력과 압박의 강도 역시 높아졌으며, 그 결과 국가는 점점 더 많은 권력을 손에 쥐게 되었다.

결국 대외적인 측면과 대내적인 측면 사이에서 작용-반작용의 상호 작용이 계속 되풀이되는 가운데 근대 국가의 제도적 틀이 완성되었다고 할 수 있다. 단순히 사회의 질서와 안정을 유지하는 것 자체가 근대 국가에 의한 폭력 독점의 일차적인 이유는 아

틸리는 전쟁이 국가를 만들고 국가가 전쟁을 만든다고 보았다

근대 국가의 가장 대표적인 권력 기구라 할 상비군 제도, 조세 제도, 관료 제도는 모두 국가가 더 많은 자원을 더 효율적으로 동원하고 이용하기 위해 고안한 제도들이다. 즉 이들은 모두 근대 국가의 원활하고 효율적인 전쟁 수행을 위한 제도들이다.

닌 것이다. 또 지배자의 '권력의지'가 가장 중요한 이유인 것도 아니다(물론 그러한 목표가 전혀 중요하지 않았다는 의미는 아니다). 폭력 독점의 가장 중요한 동기는 다른 국가와의 생존 경쟁에서 승리하고 살아남는 데 있었다. 즉 더 많이 모으고 더 많이 거두어들여 외부의 적과 더 효과적으로 싸우기 위해서는 일단 내부의 경쟁자 혹은 도전자들을 무력화해 그들의 저항 의지를 꺾을 필요가 있었던 것이다. 이러한 맥락에서 미국의 역사사회학자 틸리Charles Tilly(1929~2008)는 《강권, 자본, 유럽 국가Coercion, Capital and European States》에서 근대 국가의 가장 핵심적인 기능 네 가지를 다음과 같이 간명하면서도 인상적으로 정의했다.

• 국가 건설statemaking : 국가의 영토 내에서 경쟁자와 도전자를 공격하거나 견제하는 것.
• 전쟁 수행warmaking : 국가의 영토 밖에서 경쟁자들을 공격하는 것.
• 보호protection : 국가의 영토 안이나 밖에서 국가의 주요 동맹 파트너의 경쟁자들을 공격하거나 견제하는 것.
• 추출extraction : 국가 건설과 전쟁 수행, 보호에 필요한 제반 수단을 주민들로부터 거두어들이는 것.

모든 국가가 효과적인 전쟁 수행을 위한 폭력 독점과 권력 집중에 성공한 것은 아니다. 상당수 국가는 변화에 실패하거나 매우 불완전하게 변화했고, 이들 중 많은 수가 지도상에서 사라졌다. 그 결과 유럽 국가들은 점점 더 비슷해져갔다. 생존을 위한 경쟁에서 살아남는 방법은 얼마 되지 않았기 때문에 대다수 국가는 그 방법을 습득하려 했고, 결국에는 그 방법을 가장 잘 체득한 국가들만이 살아남게 되었다. 즉 근대 국가의 제도와 조직 원리를 가장 잘 실현하는 데 성공한 국가들이 최후의 생존자가 되었다. 근대 국가는 다른 무엇보다도 '생존의 공식'이었다.

주권

질서와 안정, 전쟁과 생존 경쟁. 근대 국가의 대내적인 측면과 대외적인 측면은 이와 같이 상반된 성격을 지닌 것처럼 보인다. 하지만 이러한 양 측면의 성격을 극단적으로 대비하거나 성급하게 규정해서는 안 된다. '폭력'을 핵심적인 특징으로 한다는 점에서 근대 국가의 대내적인 측면과 대외적인 측면은 본질적으로 유사하다. 앞서 언급했듯이 폭력의 독점을 통한 권력 집중을 꾀하는 근대 국가의 출현은 애초에 대외적인 차원에서 폭력을 극대화하려는 동기에서 비롯되었다.

근대 국가의 두 측면 사이의 대비를 지나치게 확대 해석해서는 안 되는 또 한 가지 이유는 국가들 간의 생존 경쟁이 치열하게 이루어지기는 하지만, 그렇다고 그것이 아무런 제약 없이 무제한으로 이루어지는 것은 아니기 때문이다. '국제 규칙', '국제 규범'이라 불릴 만한 것들이 국가 간 경쟁에서 국가들의 공존을 보장하는 역할을 한다. 그리고 이러한 규칙과 규범을 바탕으로 제한된 범위에서나마 '국제 질서'가 만들어지고 유지되는 것이다.

사실 근대 국가들 간의 치열한 생존 경쟁은 단 하나의 국가를 제외한 모든 국가가 소멸해야만 끝나는 무한 경쟁으로 이어져야 했다. 즉 모든 지역의 지배자임을 주장하는 보편적 제국의 등장이 이러한 생존 경쟁의 논리적 귀결점이어야 했다. 하지만 중세 말–근세 초 유럽에서 이러한 일은 일어나지 않았다. 국가들이 치열하게 경쟁하면서도 서로 생존할 권리를 인정하기 시작했기 때문이다. 이와 함께 공존을 위한 규칙과 규범이 만들어졌다. 이러한 규칙과 규범 중 가장 중요한 것이 바로 '주권主權, sovereignty'의 원칙이다.

정치학과 국제법에서 가장 많이 논란이 되는 개념 가운데 하나인 주권은 일반적으로 '국가의 의사 결정 과정과 질서 유지에 있어서의 궁극적인 권위'로 정의된다. 보다 구체적으로는 법을 제정하거나 정책을 수립하여 일정한 지역 내에 거주하는 모든 이들에게 이에 대한 복종을 명령할 수 있는 국가의 최종적인 권한을 의미한다. 근세 초 이래로 모든 근대 국가들은 이러한 최종 권한을 보유한 주권 국가로 간주되었는데, 그 결과 근대 국가는 일원적인 지배 구조를 갖는 것으로 가정되었다.

미국의 정치학자 필폿Dan Philpott에 따르면 주권의 의미를 다음과 같이 구분해 생각해볼 수 있다. 첫째, 주권은 '권위authority'이다. 이는 주권이 단순히 다른 이들의 복종을 물리적으로 강제할 수 있는 힘force 또는 권력power이 아니라는 의미이다. 누군가가 주권을 보유하고 이를 행사한다는 것은 그 주권의 보유자에게 다른 이들로 하여금 그의 명령에 복종할 것을 요구할 권리가 있음을 의미한다. 즉 주권의 보유자가 복종을 받을 정당한 자격을 갖추었음을 의미한다. 이것은 다시 주권이 그 자체로 존재하는 것이 아니라 누군가 혹은 무언가에 의한 '인정'을 필요로 함을 의미한다. 둘째, 주권은 '최상급'의 권위이다. 즉 주권은 단순히 국가가 보유하는 여러 층위의 권위 가운데 하나가 아니라 그 모든 권위들보다 우월한, 그 모든 권위들 위에 존재하는 권위이다. 셋째, 주권은 일정하게 경계 지어진 지역, 흔히 '영토領土'라고 불리는 지리적 공간 내에서 그 효과가 발휘되는 권위이다. 한 국가의 영토 내에 머무르는 모든 이들은 내국인이건 외국인이건 관계없이 모두 그 국가의 주권에 복종해야 한다.

주권이 근대 국가들 사이의 공존을 위한 규칙 혹은 규범으로 간주될 수 있는 이유는 다음과 같다. 주권을 정해진 영토 내에서 국가가 보유하는 최상의 권위로 정의할 때 이는 두 가지 의미로 해석될 수 있다. 하나는 영토 내의 어떤 개인이나 사회 집단도 주권 국가의 권위에 도전해서는 안 된다는 것이고, 그에 못지않게 중요한 또 하나의 의미는 영토 밖의 어떠한 권위체도, 그것이 다른 국가든 국제기구든 국제 NGO든 '국제 사회'든, 영토 내에서 행사되는 주권에 도전하거나 간섭할 수 없다는 것이다. 즉 일

주권은 국가들 사이의 상호 인정을 전제로 한다. 그리고 점점 더 많은 국가들이 이러한 주권의 상호 인정 과정에 참여하면서 주권은 점차 국제 규범, 국제 규칙의 성격을 띠게 된다.

정 지역 내에서 최상의 권위를 보유한다는 것은 외부자의 간섭으로부터 자유로울 수 있는 권리를 의미한다. 주권은 대내적인 권위일 뿐만 아니라 대외적인 권위기도 하다.

따라서 국가는 일정 영토 내에서 최상의 권위를 정당하게 행사할 수 있는 권리로서의 주권, 그러한 권위의 행사에 외부의 간섭을 받지 않을 권리로서의 주권을 대내적으로 그리고 대외적으로 인정받아야 한다. 여기서 특히 중요한 사실은 대외적 주권의 인정이 상호적으로 이루어진다는 것이다. 어떤 국가가 일정 영토 내에서 외부의 간섭 없이 최상의 권위를 행사할 수 있는 자격, 즉 주권을 대외적으로 인정받기 위해서는 다른 국가들이 다른 영토에 대해 행사하는 주권 역시 인정해야 한다. 한마디로 주권은 국가들 사이의 상호 인정을 전제로 한다. 그리고 점점 더 많은 국가들이 이러한 주권의 상호 인정 과정에 참여하면서 주권은 점차 국제 규범, 국제 규칙의 성격을 띠게 된다. 혹은 근대 국가들의 다국 체제에 정식으로 참여할 자격을 규정하는 기준이 된다. 다른 국가의 주권을 인정하지 않으려 하거나 다른 국가로부터 자국의 주권을 인정받지 못하는 국가는 온전한 의미에서 주권 국가라고 할 수 없다. 어떤 국가가 아무리 강대국이라 할지라도 다른 모든 국가들을 압도하기에 충분한 힘을 갖지 못한 이상 주권의 상호 인정의 망網 속에서 행동의 자유를 일정하게 구속받고 제약받을 수밖에 없다. 또 막 독립을 쟁취한 신생 국가가

주권 국가로서의 지위를 주장하기 위해서는 기존 국가들이 그
주장을 정당한 것으로 인정하고 다국 체제의 정식 구성원으로
받아들이는 절차를 거쳐야 한다.

중세 말–근세 초 이래 유럽의 근대 국가들은 물리적으로 충돌
하면서 치열하게 경쟁하는 한편으로 주권의 상호 인정이라는 공
존의 규범과 규칙을 만들어나가기 시작했다. 주권 개념을 최초
로 정식화한 것으로 알려진 프랑스의 정치사상가 보댕Jean Bodin
(1530~1596)이 종교 갈등으로 인한 프랑스 내전의 와중에서 "오직
단 한 사람의 개인만이, 즉 국왕만이 주권을 보유할 수 있다"라
고 했을 때 그 의미는 주로 주권의 대내적인 측면에 국한되었다.
하지만 피비린내 나는 30년 전쟁(1618~1648)이 끝나고 체결된
베스트팔렌 조약Peace of Westfalen(1648)에서는 주권의 대외적인 측
면이 주로 다루어졌고, 특히 내정에 대한 '불간섭'의 원칙이 초
보적인 형태로나마 공식화되었다. 이후 유럽 근대 국가들은 주
권의 상호 인정을 바탕으로 하는 공존적 경쟁 관계 속에 존재하
게 되었다. 이 관계 속에서 국가들은 각자의 영토 내에서 다른
국가의 간섭을 배제한 채 스스로 판단하기에 적합한 방식으로
통치권을 행사했고, 또 과도한 대외 팽창이나 지나치게 공세적
인 정책은 필연적으로 다른 국가의 견제를 초래한다는 불문율을
받아들이게 되었다. 이와 같이 서로에 대해 끊임없이 힘의 우위
를 추구하되 독립적으로 존재할 수 있는 상대방의 권리를 기꺼

보댕

30년 전쟁과 베스트팔렌 조약

30년 전쟁은 1618~1648년 독일을 무대로 개신 교회와 로마 가톨릭 교회 간에 벌어진 종교전쟁이다. 종교 문제를 명분으로 발발했지만, 이후 전개 과정에서는 종교보다는 왕조와 국익을 앞세워 길어진 유럽 국가들의 전쟁이었다. 이 30년 전쟁을 끝마치기 위해 1648년에 체결된 평화 조약인 베스트팔렌 조약은 국가 주권 개념에 기반을 둔 새로운 질서를 중부 유럽에 세웠다. 또한 신성로마제국을 사실상 붕괴시키고 주권 국가들의 공동체인 근대 유럽의 정치 구조가 나타나는 계기가 되었다.

근대전의 시초라 할 수 있는 30년 전쟁의 브라이텐펠트 전투 (1631)

이 인정하는 근대 국가들 사이의 관계의 합숌이 오늘날 우리가 '근대 국가 체제', '근대 국제 관계'라고 부르는 정치 체제의 가장 핵심적인 특징이 되었다.

근대 국가 체제는 1945년 이후 아시아와 아프리카의 수많은 국가들이 서구 열강의 식민 지배로부터 독립을 쟁취해 주권 국가의 지위를 획득함으로써 전 세계로 확대되었다. 이와 함께 주권 역시 세계적인 차원에서 국가들 간의 '사회 질서'를 지탱하는 핵심 역할을 담당하게 되었다. 하지만 국제 규범, 규칙으로서의 주권에 지나친 의미를 부여하는 것은 무리가 있다. 미국의 정치학자 크래스너Stephen D. Krasner는 베스트팔렌 조약 이래 거의 모든 근대 국가가 자신들의 편의에 따라 주권 원칙을 위반해왔다고 지적했다. 크래스너는 주권을 '조직적인 위선organized hypocrisy'으

베스트팔렌 조약의 비준

베스트팔렌 조약 이후 유럽 근대 국가들은 주권의 상호 인정을 바탕으로 하는 공존적 경쟁 관계 속에 존재하게 되었다. 이와 같이 서로에 대해 끊임없이 힘의 우위를 추구하되 독립적으로 존재할 수 있는 상대방의 권리를 기꺼이 인정하는 근대 국가들 사이의 관계의 합슴이 오늘날 우리가 '근대 국가 체제', '근대 국제 관계'라고 부르는 정치 체제의 가장 핵심적인 특징이 되었다.

로 규정했다. 또 유럽연합과 같은 초국가 공동체의 형성, 인권人
權과 같이 종종 국가의 주권과 충돌하는 새로운 국제 규범의 등
장은 주권 원칙의 보편타당성을 잠식하는 요인이 되고 있다. 궁
극적으로 초월적 중심부가 부재한 상황에서 주권을 기반으로 하
는 국제 질서는 국내 사회의 질서와는 성격을 달리할 수밖에 없
다. 국제 질서는 국내 질서에 비해 혼란과 불안정을 가져올 수
있는 요인들을 훨씬 많이 내포하고 있기 때문이다.

하지만 현재로서는 주권 원칙을 대체할 만한 국제 규범, 국제
규칙을 찾기 어려운 것도 사실이다. 비현실성과 비윤리성을 이
유로 자주 비판의 대상이 되기는 하지만 여전히 주권 원칙을 고
수하는 것은 독립적이고 자유로운 국가들로 이루어진 근대 국가
체제에서 국가들 간의 갈등을 최소화하는 최선의 방책으로 간주
되고 있다. 이는 특히 약소국일수록, 강대국의 일방적인 힘의 행
사에 취약한 국가일수록 더욱 그러하다. 현재 유엔 헌장 제2조 4
항은 주권 국가의 "정치적 독립과 영토의 불가침성"을 침해하는
일체의 행위를 금지하고 있고, 제2조 7항은 주권 국가의 "국내
관할에 속하는 사안에 대한 개입"을 엄격하게 제한하고 있다.

'근대 국가란 무엇인가'라는 질문에 대한 지금까지의 답변을
종합해보자. 근대 국가의 존재는 '안팎'으로 폭력의 문제와 깊숙
이 연관되어 있다. 대내적으로 근대 국가는 사회의 안정과 질서
의 수호자지만 근대 국가의 이러한 역할이 마냥 평화롭게 수행

되는 것은 아니다. 근대 국가는 필요한 경우 사회 내의 어떤 개인, 집단에 대해서도 압도적인 폭력을 행사할 수 있는 능력을 실질적으로 독점함으로써 사회의 안정과 질서를 보장하기 때문이다. 역사적으로 그러한 폭력의 독점을 수립하는 과정은 '폭력적'이었다. 국가의 폭력 독점에 저항하는 사회 세력이나 집단은 무자비하게 제거되거나 철저하게 무력화되었다. 또 오늘날 지극히 평온하고 문명화된 사회 질서를 유지하는 국가의 경우에도 그러한 질서의 기저에는 국가의 폭력 독점이라는 엄연한 현실이 존재한다. 만약 어떤 개인이나 집단이 일정한 선을 넘어 국가 권력의 우위에 도전하는 순간 그 폭력의 기제는 어김없이 그리고 가차없이 작동할 것이다.

대외적인 차원에서 근대 국가는 어떤 외부의 권위에 대해서도 자유로우며, 다른 국가들과 평등한 동격의 관계를 유지한다. 하지만 바로 그러한 이유 때문에 다른 근대 국가들과 끊임없는 경쟁관계에 있다. 이 경쟁의 목표는 영향력, 권력, 그리고 가장 중요하게는 생존이며, 이러한 목표를 달성하기 위해 경쟁하는 과정에서 심심치 않게 피비린내 나는 전쟁이 수반된다. 하지만 근대 국가들의 관계가 순전히 무질서와 혼돈의 상태에 처해 있는 것은 아니다. 여기에도 제한적이기는 하지만 일정한 규칙과 규범이 존재해 나름대로의 질서가 유지된다. 물론 극심한 내전의 경우를 제외하고는 근대 국가의 대내적인 측면은 대외적인 측면

에 비해 훨씬 질서 정연하고 안정적이며, 따라서 훨씬 덜 폭력적
이다. 하지만 대외적인 차원에서도 주권을 비롯하여 폭력의 악
순환을 완화하고 제어하는 제도와 장치가 작동한다는 사실을 기
억해둘 필요가 있다.

4

자본주의

마르크스주의 국가론

폭력의 문제를 중심에 놓고 근대 국가를 이해하는 지금까지의 설명과는 사뭇 다른 관점에서 근대 국가를 바라보는 시각도 존재한다. 특히 마르크스주의의 시각에서 근대 국가의 성격과 역할을 이해하는 이들은 앞에서 본 근대 국가의 성격 규정이 문제의 본질을 건드리지 못한 채 피상적인 수준에 머물러 있다고 비판한다. 그렇다면 이들이 생각하는 문제의 본질은 무엇인가?

마르크스주의 국가론에 따르면 근대 국가는 그 자체로 자족적인 존재가 아니다. 근대 국가는 다른 무엇인가를 위해, 어떤 특정한 목적을 위해 존재한다. 즉 근대 국가가 대내적으로 폭력을 독점해 질서를 유지하고 대외적으로 다른 국가들과 치열하게 경쟁하는 것은 그저 스스로의 생존과 번영을 보장하고 도모하기 위해서가 아니라는 것이다. 그렇다면 근대 국가는 무엇을 위해

19세기 독일의 철학자, 경제학자, 언론인이며 혁명가였던 마르크스와 엥겔스가 만들어낸 사회이론 및 정치사상 체계이다. 당시의 사회주의 이론들을 이상에 치우친 공상적 사회주의라고 비판하면서 헤겔의 철학, 애덤 스미스와 데이비드 리카도의 정치경제학, 19세기 프랑스 사회주의 및 파리 코뮌에 기초하여 마르크스가 엥겔스와 협력해 만들어낸 소위 과학적 사회주의다.

《공산당 선언》의 표지

존재하는가? 마르크스주의 국가론은 근대 국가의 존재 이유는 넓게 보면 자본주의 경제 체제가 원활하고 질서 있게 작동하게 하는 데 있고, 좁게 보면 부르주아지가 자신들의 특권적인 지위를 유지하도록 하는 데 있다. 마르크스주의의 독특한 용어로 표현하자면 근대 국가는 생산수단을 독점한 자본가 계급이 노동자 계급에 대한 억압과 착취를 통해 더 많은 이윤을 획득하고 축적할 수 있도록 지원하고 그에 유리한 환경을 조성하는 역할을 담당한다. 마르크스Karl Marx(1818~1883)와 엥겔스Friedrich Engels(1820~1895)의 《공산당 선언》(1848)에 따르면 국가는 "부르주아지의 집행위원회" 그 이상도 이하도 아니다. 한마디로 근대 국가는 '계급 착취의 도구'인 것이다.

　마르크스주의 국가론은 근대 국가를 하나의 수단으로 보는 이러한 시각에서 한발 더 나아가 근대 국가가 등장하고 진화하는 역사적 과정 자체가 자본주의 경제 체제와 자본가 계급의 필요에 따라 '결정'되었다는 주장을 펼치기도 한다. 이러한 견해에 따르면 근대 국가가 중세 말-근세 초 유럽에서 처음 등장한 것은 당시 유럽 경제가 봉건적 생산양식에서 자본주의적 생산양식으로 전환된 결과이다. 또 이후에 근대 국가의 조직과 역할이 몇 차례 변화를 거듭한 것 역시 자본주의 생산양식의 성격 변화(예를 들면 '상업 자본주의'에서 '산업 자본주의'로 혹은 '자유방임 자본주의'에서 '독점 자본주의'로의 변화)와 밀접한 관련이 있다. 심지

부르주아지

중세에는 도시에 거주하는 중산층이란 뜻이었으나,
마르크스주의 이후 현대에는 자본가 계급을 의미한
다. 프랑스어로 '성城'을 의미하는 'bourg'에서 유래
한 단어이다. 부를 축적한 계급은 성 안에 살고 그렇지
못한 계급은 성 밖에서 살았기 때문에 생긴 명칭이다.

어 20세기 중반 이후 유럽 일부 지역에 출현한 '복지 국가' 역시
노동력 재생산의 비용을 공공 부문으로 떠넘기려는 자본의 의도
에서 비롯되었다는 주장 역시 가능하다.

게다가 종종 드러나는 정부와 자본주의 기업들 사이의 특별한
관계, 특히 그러한 결탁이 다수에게 이익을 희생할 것을 강요하
는 방식으로 이루어지는 것을 보면, 근대 국가가 특정 계층이나
특정 경제 체제의 수단이라는 마르크스주의 국가론의 주장이 설
득력 있게 다가오기도 한다. 특히 정부가 최소한의 공정성의 기
준조차 상실한 듯이 행동하는 국가일수록 더욱 그렇다. 하지만
근대 국가의 존재 이유와 존재 양식이 사회의 경제적 이해관계
에서 비롯된다고 보는 이와 같은 접근 방식은 양자의 관계를 지
나치게 일면적으로 이해하는 것이다. 물론 둘 사이에는 모종의
관계가 분명히 존재한다. 하지만 그 관계는 어느 한쪽이 다른 한
쪽의 우위에 서는 관계가 아니라 서로가 서로를 필요로 하는 상
호적인 관계이다.

자본주의 경제와 근대 국가의 관계

먼저 자본주의 경제가 근대 국가를 필요로 한다는 것은 의심의
여지가 없다. 예를 들어 중세 말-근세 초 유럽에서 진행된 자본
주의적 화폐 경제의 발달에서 근대 국가의 존재는 매우 중요했

1661년 유럽에서 최초로 발행된 스웨덴 지폐

다. 화폐 경제의 성공 여부는 경제 행위자들 사이의 신용을 얼마나 잘 유지할 수 있느냐에 달려 있고, 폭력을 독점함으로써 사회의 안정과 질서를 보장하는 능력을 갖춘 근대 국가는 그러한 역할에 최상의 적임자였다. 특히 근세 초 특정 시점 이후에 유럽에서 경화硬貨 대신 지폐가 널리 사용된 데에는 근대 국가의 역할이 결정적이었다. 근대 국가는 또한 자본주의적인 계약 관계가 성립되는 데 있어서도 중요한 역할을 했다. 멀리 떨어져 있거나 이전에 거래한 적이 없는 두 명 이상의 경제 행위자가 비교적 안심하고 계약을 체결할 수 있게 된 것은 계약 위반자를 처벌하고 제재할 수 있는 근대 국가의 역할이 전제되었기 때문에 가능한 일이었다. 좀 더 근본적인 차원에서 보면 자본주의 경제에 필수적인 근대적 재산권property right이 신성불가침의 권리로 확립되는 데 근대 국가가 결정적으로 기여했다고 말할 수 있다. 미국의 경제학자 노스Douglass North는 근대 국가의 이러한 역할을 경제 행위자들 사이의 상호 작용에서 게임의 규칙을 정하고 이것의 실행을 강제함으로써 거래 비용을 줄이는 데 있다고 표현한다. 거래 비용은 시장에서의 거래에 참여하는 데 소요되는 각종 비용을 가리킨다. 즉 근대 국가는 오늘날 우리가 경제의 정상적인 작동을 위해 당연히 전제되어야 한다고 여기는 것들이 처음 만들어지고 자리 잡는 데 결정적인 역할을 담당했다고 할 수 있다.

앞에서 살펴본 것처럼 근대 국가의 출현 시기와 자본주의적 생산양식의 형성 시기가 일치하는 것은 단순한 '우연'이 아니다. 하지만 자본주의 경제의 가장 기본적인 제도들이 확립되는 데 근대 국가가 중요한 역할을 했다고 해서 자본주의가 국가의 존재 이유와 양식을 결정한다는 것을 의미하지는 않는다. 자본주의가 근대 국가를 필요로 하는 만큼 근대 국가 역시 자본주의를 필요로 한다. 예를 들어 전쟁에 필요한 대규모 인력과 자원을 동원하는 데 자본주의적 화폐 경제의 발달이 필수적이었다. 다수의 병사들에게 보수를 지급하고 대량의 전쟁 물자를 구입하는 일은 현물 거래가 일반적인 사회에서는 불가능했을 것이다. 또 효과적인 전쟁 수행을 위해서는 필요한 물자를 적시에 공급할 능력을 갖춘 상업망의 존재 역시 필수적이었다. 바로 이러한 이유로 근세 초 유럽에서 성공한 대부분의 근대 국가는 상공업이 발달한 도시 경제와 밀접한 관계를 유지했다.

이러한 상황은 오늘날에도 계속되고 있다. 많은 단점을 가졌음에도 불구하고 (부분적으로는 이를 대체할 별 뾰족한 대안이 없다는 이유로) 자본주의는 여전히 최선의 경제 체제로 인식되고 있고, 오늘날 대부분의 국가들은 자본주의 경제의 발전을 국가의 발전과 동일시하면서 이에 사활을 걸고 있다. 하지만 이것이 근대 국가가 특권 계층의 이익 증진 혹은 자본주의 경제의 원활한 작동을 위한 수단이나 도구에 불과하기 때문인 것은 아니다. 근대 국가가 자본주의 경제의 발전에 관심을 갖는 가장 중요한 이유 중 하나는 그것이 국가 자체의 이익을 극대화하는 데 필수 불가결하기 때문이다. 근대 국가는 다른 무엇보다도 스스로의 생존과 번영을 위해 존재하며, 국가 정책의 최우선순위는 이러한 목표를 실현하는 데 맞춰진다. 이탈리아 출신의 사회학자 포지 Gianfranco Poggi는 "정치권력을 축적하고 행사하는 것을 주 임무로 하는 제도들의 합슘인 국가는 스스로에 고유한 이익을 가지며, 이 국가의 이익은 국가의 조직이나 정책에 독립적인, 그리고 종종 결정적인, 영향을 끼친다"라고 말한 바 있다. 이와 같이 스스로의 고유한 이익에 따라 행동하는 근대 국가는 대내적, 대외적으로 위상을 높이고 영향력을 행사하기 위해 더 많은 자원을 확보하려 하고(즉 더 많은 세금을 걷으려 하고), 결과적으로 경제의 발전을 국가의 이익과 동일시하기에 이른다. 경제의 논리에 국가가 포획되어 있기 때문이 아니라 국가가 경제 자원을 더 많이, 더 효과적으로 활용하기 위해 경제 발전을 지원하려 하는 것이다.

이러한 점을 고려할 때 근대 국가의 존재와 역할을 자본주의의 함수로 보는 견해는 양자 사이의 복잡성과 복합성을 간과하고 있음을 알 수 있다. 그러한 견해가 현실에 부합하지 않음은 근대 국가가 자본주의 경제를 활용하는 데 그치지 않고 필요한 경우 이의 원활한 작동마저 서슴지 않고 저해하는 데서도 확인

된다. 근세 초 유럽의 상공업자들에게 국가는 가장 중요한 고객이자 가장 두려운 약탈자이기도 했다. 20세기 중반 이후 노동자 정당의 제도권 진입과 정권 장악이 본격화된 이후 자본가들은 국가의 '반反자본주의적' 정책에 맞서 싸워야 했다. 마르크스주의 국가론에서는 근대 국가의 이러한 경향을 '상대적 자율성'이라는 개념으로 이론화하려고 시도했다. 하지만 마르크스주의 국가론과 같이 근대 국가와 자본주의의 관계를 수단-목적의 관계로 개념화하기보다는 각자의 서로 다른 이익이 '수렴'되는 관계로 이해하는 것이 보다 합당하다. 이들 관계는 상호 구속적이지 않다. 즉 근대 국가와 자본주의는 이익의 수렴을 통해 서로 일정하게 영향을 주고받되 그것이 서로를 완전히 구속하지는 않는 관계, 상반된 이익이 원만하게 조율되지 않을 경우 심각한 충돌의 가능성도 완전히 배제할 수 없는 관계인 것이다.

막스 베버의 국가에 대한 정의

다음은 근대 국가에 관한 독일의 사회학자 막스 베버의 정의이다. 이 글에서 베버는
국가는 폭력/강권력을 수단으로 하는 정치 결사체라는 점에서 다른 결사체들과는
다르다는 점을 이야기하고 있다. 이 글을 쓸 당시 베버의 조국 독일은 제1차 세계대
전에서 패배한 후 정치적, 사회적 혼란에 빠져 있었으며, 그러한 사정으로 베버는
국가의 기본적인 성격을 폭력/강권력에서 찾아야 할 필요성이 더 컸던 것 같다.

사회학의 관점에서 볼 때 '정치적' 결사체란 무엇인가? '국가'란 무엇인가? 사회학
적으로 정치적 결사체나 국가를 정의하는 데 있어서 그것이 수행하는 업무의 내용을
준거로 삼을 수는 없다. 과거든 현재든 정치적 결사체들이 다루지 않는 업무란 거의
없다. 그 반대도 마찬가지다. 즉 정치적 결사체들(오늘날의 표현으로는 국가이지만,
역사적으로 근대 국가 이전의 조직체들까지 포함해)만이 언제나 늘 배타적으로 수행
하는 고유 업무라고 할 만한 것은 없다.
사회학적인 관점에서 볼 때, 다른 모든 정치적 결사체들과 마찬가지로 근대 국가란,
국가만이 하는 고유 업무에 의해서가 아니라 그것이 고유하게 지니고 있는 특수한
수단을 준거로 정의될 수밖에 없게 되는데, 그 수단이란 곧 물리적 폭력/강권력이다.
한때 트로츠키는 브레스트-리토브스크에서 "모든 국가는 폭력/강권력에 그 기초를
두고 있다"고 말한 적이 있다. 사실 맞는 말이 아닐 수 없다. 만약 폭력/강권력이라
는 관념 없이 사회가 조직되었더라면, '국가'라는 개념은 진즉에 사라지고 없었을 것
이며, 그랬다면 '무정부 상태'라고 하는 특별한 의미를 가진 말로 규정할 만한 상황
이 벌써 출현했을 것이다.
물론 폭력/강권력이 통상적인 것은 아니며 국가가 의존하는 유일한 수단인 것도 아
니다. 누구도 그렇게 말하지 않는다. 하지만 폭력/강권력이 국가 특유의 수단인 것은

분명하다. 다른 어느 시기보다 (패전과 혁명의 소용돌이에 휘말려 있는) 오늘날은 국가와 폭력/강권력의 관계가 특히나 밀접하다.

— 막스 베버, 《막스 베버 소명으로서의 정치》, 박상훈 옮김(폴리테이아, 2011), 109~110쪽에서

장 보댕의 주권론

다음은 근세 초 프랑스의 정치철학자 장 보댕이 주권에 관한 자신의 견해를 밝힌 글의 일부이다. 보댕은 주권이 영구적인 권력이며, 주권자는 자신이 만든 법을 포함해 어떤 제약에도 구속되지 않는다고 주장했다. 하지만 바로 뒤이어 주권자는 신법과 자연법에는 구속된다는 다소 모순된 이야기를 하고 있다. 어느 쪽을 더 강조하느냐에 따라 그의 주권론에 대한 이해가 달라질 것이다.

국가란 다수의 가족들과 그들의 공유물로 이루어진, 주권에 의한 정당한 통치라고 말한 바 있는데, 여기에서 말하는 주권이 무엇을 의미하는가를 명확히 할 필요가 있다. 나는 이 권력이 영구적이라고 말했다. 왜냐하면 한시적으로 한 개인에게 또는 다수의 사람들에게 절대적인 권력을 부여할 수는 있지만, 그 시한이 만료되었을 때 그들은 그저 (평범한) 백성에 불과하기 때문이다. 이러한 사람들은 권력을 갖고 있을 때에도 결코 주권 군주라고 불리지 못하는데, 왜냐하면 그들은 단지 권력을 위탁받아 관리하는 자에 지나지 않으며 군주나 인민의 소환이 있으면 더 이상 권력을 행사할 수 없기 때문이다. 그러한 자들은 언제나 타인에게 장악되어 있는 수동적인 존재다. 이는 타인에게 자신의 재산을 양도했지만 여전히 영주나 진정한 소유자로 남아 있는 경우와 같은 이치다.

......

타인이 만든 법을 받아들일 수는 있다. 하지만 스스로에게 명령하는 것만큼이나 스스로에게 법을 부여하는 것은 근본적으로 불가능하다. "자신의 의지로 약속한 것에 대해 책임을 져야 할 그 어떠한 의무도 있을 수 없다"라는 법이 있듯이, 자신의 의지에 따른 결정을 스스로에게 명령할 수는 없는 것이다. 이러한 이유로 국왕은 자신이 제정한 법에 종속되지 않는다. 이는 명백한 사실이다. 교회법 학자들이 이야기하듯이 교황은 결코 행동의 자유를 구속받지 않는다. 주권 군주도 마찬가지여서, 설사 원하더라도 스스로를 구속할 수 없다. 우리는 법령 말미에서 "짐의 뜻이 그러하노라"라는 문구를 볼 수 있는데, 이는 주권 군주가 제정한 법이 정당하고 분명한 이유에 따라 정해졌다 하더라도 결국 그 법은 오로지 자유로운 군주의 의지에 의한 것임을 보여주기 위한 것이다. 그러나 지상의 모든 군주는 신법과 자연법에 복종한다. 신성모독죄를 짓지 않는 이상 또는 마땅히 그 권위에 굴복하고 존경과 두려움으로 머리를 조아려야 할 대상인 신에게 전쟁을 선포하지 않는 이상 군주는 자신의 권력으로 이를 위반할 수 없다. 이렇듯 군주의 절대적인 권력과 주권적 영주권은 결코 신법과 자연법을 침해하지 않는다.

— 장 보댕, 《국가론》, 임승휘 옮김(책세상, 2005), 41~42, 56~57쪽에서

2장

근대 국가의 기원

1

전쟁 양식의 변화와
근대 국가의 출현

근대 국가는 언제, 어디에서 처음 만들어졌는가? 앞서 밝혔듯이 근대 국가는 중세 말-근세 초 유럽의 발명품이다. 이 시기 유럽에서 근대 국가가 처음 등장한 것은 국가들 사이의 경쟁이 격화되고 전쟁이 빈발함에 따라 국내적으로 힘의 결집을 도모할 필요성이 커진 결과였다. 이처럼 근대 국가가 전쟁으로부터 발생했다고 보는 '전쟁-근대 국가설'에 바탕을 두고 근대 국가의 기원과 그 역사적 발전 과정을 살펴보도록 하겠다.

중세 말-근세 초 근대 국가가 그 모습을 드러내기 이전 유럽에서는 후세 역사가들에 의해 '봉건제封建制, feudalism'라고 명명된 통치 조직이 지배적인 위치를 차지하고 있었다. 봉건제는 지배 계층 내에서 이루어지는 영주領主에 대한 봉신封臣의 충성 서약과 영주가 봉신에게 수여하는 은대지를 핵심으로 하는 제도이다. 충성 서약을 통해 봉신은 영주에게 복종과 지원의 의무를 졌고, 영주는 이에 대한 대가로 봉신이 경제적으로 자립할 수 있는 토

봉건제는 '권력이 극단적으로 분산된, 개인 간의 유대 관계에 바탕을 둔 통치 조직'으로 정의될 수 있다. 유럽에서 근대 국가는 바로 이 봉건제를 대체하면서 등장했는데, 전쟁의 양식이 변화하면서 아래로 내려왔던 권력 중심이 다시 상향 이동하기 시작했기 때문이다.

지와 이 토지에 종속된 인력을 지배할 권리를 주었다. 봉신은 수여된 토지의 일부를 다시 다른 봉신들에게 수여하고 영주의 위치에 서기도 했다. 대단히 위계적으로 보이는 이 제도는 실제 운영 방식에 있어서는 그렇지 않았는데, 시간이 흐름에 따라 영주에 대한 봉신의 독립성이 꾸준히 높아졌기 때문이다. 봉신은 복종과 지원을 조건으로 수여된 은대지를 세습과 증여가 가능한 개인

충성 서약

소유물로 간주하기 시작했고, 또 한 명의 봉신이 여러 명의 영주에게 충성 서약을 하고 은대지를 받는 것도 일반적인 현상이 되었다. 이러한 결과 영주와 봉신 사이의 관계는 상급자와 하급자 사이의 관계라기보다는 동일한 귀족 집단에 속한 두 구성원 사이에서 이루어지는 평등한 계약 관계의 모습을 띠게 되었다. 포지는 이러한 봉건제의 특징을 "지배의 지레목이 영주–봉신 관계 고리에 있어서 아래쪽으로 이동하는 내재적 경향"으로 정의했다.

　한마디로 봉건제는 '권력이 극단적으로 분산된, 개인 간의 유대 관계에 바탕을 둔 통치 조직'으로 정의될 수 있다. 유럽에서 근대 국가는 바로 이 봉건제를 대체하면서 등장했는데, 전쟁의 양식이 변화하면서 아래로 내려왔던 권력 중심이 다시 상향 이동하기 시작했기 때문이다. 유럽 중세 시대의 전쟁은 중무장한

영국과 프랑스의 전쟁으로 프랑스를 전장으로 하여 여러 차례 휴전과 전쟁을 되풀이하면서, 1337년부터 1453년까지 116년 동안 계속되었다. 명분은 프랑스 왕위 계승 문제였고, 실제 원인은 영토 다툼이었다. 1360년의 브레티니-칼레 조약의 체결까지를 제1기, 1415년의 아쟁쿠르 전투 또는 1420년의 트루아 조약의 전과 후를 제2기와 제3기로 나눈다. 잔 다르크 등의 활약에 힘입어 프랑스가 승리했다.

기마병이 중심이 되어 비교적 소규모로 그리고 단속적으로 치러졌다. 이는 소수의 기사들만이 값비싼 갑옷과 각종 보호장구, 전투용 말을 구비할 수 있는 경제력을 갖추었기 때문이고, 국왕이나 상급 영주가 봉건 의무를 명목으로 오랜 기간 이 기사들을 자신의 전쟁에 동원할 수 있는 능력에는 한계가 있었기 때문이다. 하지만 이러한 중세의 전쟁 양식은 새로운 군사 기술의 도입으로 14~15세기를 전후하여 큰 변화를 겪게 된다.

먼저 전쟁에서 양궁longbow과 석궁crossbow이 본격적으로 사용되기 시작했다. 먼 거리를 날아가서 기사들의 철갑을 꿰뚫을 만큼 강력한 파괴력을 가진 양궁과 석궁은 전자는 영국, 후자는 이탈리아에서 처음 사용되었고 차츰 기마병의 전술적 우위를 잠식해나갔다. 특히 영국의 양궁 부대는 프랑스와의 백년 전쟁(1337~1453)에서 여러 차례 프랑스군을 궤멸했고 영국이 전쟁 초중반 프랑스에 대해 우위를 확보하는 데 크게 공헌했다. 이와 함께 보병 부대의 비중이 점차 늘어나게 된 것도 중세의 군사 조직에 큰 변화를 초래했다. 이러한 변화는 장창長槍으로 무장하고 밀집 대형을 이룬 다수의 보병이 기병에 대해 전술적으로 유리하다는 사실이 널리 알려지면서 본격화되었다. 화포의 등장도 중요한 역할을 했다. 화포는 14세기 이탈리아에서 도시 국가들 간 전쟁에서 처음 사용되었고 이후 다른 지역으로 전파되었는데, 특히 프랑스가 백년 전쟁 막바지에 영국의 양궁 부대를 격파하고 전

백년 전쟁에서 가장 중요한 전투로 꼽히는 크레시 전투를 묘사한 그림. 이 전투에서 영국군은 새로운 무기와 전술로 승리를 거두었다

중세의 전쟁 양식은 새로운 군사 기술의 도입으로 14~15세기를 전후하여 큰 변화를 겪게 된다. 영국의 양궁 부대는 프랑스와의 백년 전쟁에서 여러 차례 프랑스군을 궤멸했고 영국이 전쟁 초중반 프랑스에 대해 우위를 확보하는 데 크게 공헌했다. 또 화포는 프랑스가 전쟁 막바지에 영국의 양궁 부대를 격파하고 전쟁에서 승리하는 데 결정적인 역할을 했다.

쟁에서 승리하는 데 결정적인 역할을 했다.

이러한 군사 기술상의 변화는 비교적 큰 규모의 영지를 보유한 국왕과 봉건적 위계질서의 최상층에 자리한 (일반적으로 '영토 제후'로 알려진) 대영주에게 권력이 집중되는 결과를 가져왔다. 전쟁의 주역이 봉건적 의무를 진 소수의 기마병에서 궁수와 보병, 포병으로 바뀌었기 때문이다. 이들 대부분은 봉건적 계약 관계에 속하지 않은 채 일정한 대가를 받고 전쟁에 뛰어든 일종의 '직업군인'이었다. 이들을 훈련시키고, 보수를 지급하며, 훈련과 전쟁 기간에 숙식을 제공하는 것, 또 품이 많이 드는 화포를 제작하고 생산하는 것은 그 이전과는 비교가 되지 않을 정도로 많은 재원을 필요로 했다. 이에 더해 중세 후기로 갈수록 전쟁이 빈번해지고 장기화되면서 병력을 충원하고 관리하는 데 드는 부담 역시 가중되었다. 이전까지 국왕과 영토 제후들은 자신의 영지에서 나오는 수입과 봉건 귀족들의 지원으로 전쟁 비용을 충분히 감당할 수 있었지만 새로운 군사 기술의 도입으로 상황이 일변했고, 재원을 충당할 다른 방안을 강구해야 했다. 또 일정 수의 병력을 보다 효과적으로 충원하고 관리하는 방안 역시 필요했다.

이러한 현실에 직면해 중세 말 유럽의 국왕과 영토 제후들은 이전에는 특별한 위기 때만 부과하던 조세 납부의 의무를 전국에 걸쳐 상설화하기로 했다. 실제 전쟁에 직면해서 거두어들이는 봉건적 기부금만으로는 전쟁 비용을 감당할 수 없었기 때문이다. 또 상당수의 훈련된 병력을 평시에도 유지하는 상비군 제도를 도입하기로 했다. 이외에도 전문 지식을 갖춘 '지식인'을 선발하여 이들에게 늘어난 재정을 효과적으로 관리하는 임무를 맡기는 것이 일반적인 관행이 되었다. 이러한 제도의 시행 결과 국왕과 영토 제후들의 권력은 크게 강화되었지만, 나머지 봉건 귀족들의 권력은 약화되었다. 그들은 국왕이나 영토 제후들이 자기 영지의 주민들에게서 정기적으로 세금을 걷어 가는 것을 대책 없이 지켜보거나 치명상을 입을 각오를 하고 이에 격렬하게 저항했다.

프랑스는 이러한 근대 국가 건설 과정이 가장 전형적으로 나타난 국가이다. 중세 말 이전까지만 하더라도 프랑스는 유럽 국가들 가운데서 봉건적 권력 분산이 가장 진전된 국가였다. 11~12세기 무렵 프랑스는 크게는 8~9개의 영토 제후령으로 분할 통치되었고, 각각의 영토 제후령은 다시 수많은 독립적인 정치 단위로 나뉘었다. 국왕은 명목상으로는 봉건적 위계질서의 정점에 존재했지만 실제로는 일드프랑스Île-de-France로 알려진 오늘날의 파리를 중심으로 하는 지역의 일개 통치자로 간주되었다. 하지만 이러한 상황은 14세기 초부터 점차 변하기 시작했는데, 이는 프랑스가 이웃한 국가들과 점점 더 장기화되고 치열해진 전쟁을 치러야 했기 때문이다. 특히 프랑스의 왕위를 요구하며 침공한 영국과 백년 전쟁을 치르는 동안 앞서 설명한 것처럼 전쟁 양식의 대대적인 변화로 인해 당시로서는 상상하기 힘든 규모의 병력과 재원을 동원해야 했다. 그러나 전쟁을 주도하던 국왕의 재정은 계속 고갈되어갔다. 이에 프랑스 국왕은 왕국 전역에서 특별 징수금을 거두어야 했는데, 전쟁에 소요된 비용이 너무나 막대했기 때문에 싸움이 직접 벌어지지 않는 시기에도 세금이 부과되었다. 두 종류로 구성되어 각각 소금에 부과되거나 모든 상품의 거래에 판매세 형식으로 부과된 이 세금은 훗날 프랑스 혁명으로 폐지되기 전까지 프랑스 조세 체제의 가장 중요한 세금이었다. 전쟁 막바지인 1445년에는 약 9,000명에서 12,000명 규모의 상비군도 조직되었다. 애초에 상비군을 설립한 의도는 대외적인 것이라기보다 오랜 전쟁으로 무질서해진 국내 상황에 대처하려는 데 있었다. 하지만 전쟁이 끝난 후에도 계속된 이웃 국가들과의 치열한 세력 경쟁은 상비군을 프랑스 근대 국가의 필수 요소로 만들었다.

2

군사혁명과 절대주의 국가 등장

군사혁명

영국의 역사가 서덜랜드N. M. Sutherland는 1494년부터 1715년 사이의 유럽 국제 관계사를 '합스부르크Habsburg와 반反합스부르크 진영 간 대투쟁'의 관점에서 이해할 수 있다고 설명한 바 있다. 16세기 초 이후 합스부르크가는 유럽의 여러 지역을 동시에 지배하며 여타 국가들에 상당한 위협을 주었고, 이들 국가는 합스부르크가가 유럽 대륙에서 패권을 차지하지 못하도록 저지하는 데 대외 정책의 최우선순위를 두었다. 그 결과 16, 17세기 유럽 국제 관계사는 이 두 진영 간의 끝없는 갈등과 충돌로 점철되었다. 한마디로 수많은 전쟁이 계속되었고, 이 전쟁의 와중에서 중세 말부터 조금씩 형태를 갖춰가던 근대 국가의 기본 골격이 완성되었다. 즉 국가는 더욱 효율적인 '전쟁기계'가 되었고, 이에 따라 국가의 영토와 인구에 대한 일원적, 독점적 지배 역시 강화되었다.

합스부르크가는 원래 독일 남부와 스위스 북부 지역의 여러 영지를 보유한 봉건 귀족이었다. 그저 그런 귀족 가문이었던 합스부르크가의 운명이 바뀌게 된 것은 1273년 가문의 수장 루돌프가 신성로마제국의 황제로 선출되면서부터이다. 황제 선출을 둘러싼 대제후들의 갈등 속에서 일종의 타협의 결과로 제위를 차지하는 행운을 누리게 된 루돌프 1세(재위 1273~1291)는 이후 황제의 특권을 이용하여 가문의 영지를 착실하게 늘려나갔다. 합스부르크는 영리한 혼인 정책으로 새로운 영지를 획득했는데, 1282년에는 오늘날의 오스트리아 지역을 획득했고, 이후 15세기 말과 16세기 초에 걸쳐 오늘날의 네덜란드, 벨기에, 룩셈부르크, 헝가리, 스페인, 이탈리아 남부 지방을 손에 넣었다. 여기에다 스페인이 개척한 신대륙의 식민지까지 소유하게 되어 1519년 카를 5세(재위 1519~1556)가 왕위에 오를 무렵에는 유럽 중부, 서부, 남부 및 신대륙에 걸치는 '대제국'이 건설되었다. 그러나 합스부르크 '제국'은 황제의 명에 따라 일사불란하게 작동하는 일원적인 통치 체제를 만들어내지는 못했다. 제국을 구성한 각 지역은 상당한 자치권을 누렸다. 또 찰스 5세의 사후에는 그의 두 아들에 의한 분할 상속의 결과 오스트리아와 스페인이 각각 독립 국가로 통치되었다. 그럼에도 불구하고 합스부르크의 국제적인 연대는 스페인 합스부르크가의 혈통이 단절되는 18세기 초

루돌프 1세

루벤스가 그린 카를 5세 초상

트라스 이탈리엔느

15세기 말부터 16세기 초에 주로 프랑스의 침공에 대응하기 위해 이탈리아에서 개발된 요새를 말한다. 프랑스군의 대포와 화약 공격에 쉽게 파괴되는 등 취약했던 중세 요새의 약점을 보완한 것이다.

까지 다른 유럽 국가들에게 상당한 위협이 되었다.

결국 이 시기 유럽의 국제 관계는 그야말로 '전쟁의 시대'로 불릴 만큼 국가들 간의 전쟁이 끊이지 않았고, 유럽인들의 삶은 계속되는 전쟁의 여파로부터 자유로울 수 없었다. 이 시기의 전쟁은 그 이전의 전쟁과 비교하여 규모와 강도 면에서 더 커지고 세졌는데, 이는 주요 군사 기술이 중세 말에 이어 다시 한번 크게 변화했기 때문이다. 이 시기 군사 기술의 변화 중 가장 중요한 것은 소총이 널리 보급되어 보병 부대의 핵심 무기로 자리 잡게 되었다는 사실이다. 또 화포의 공격을 견디게끔 설계된 '트라스 이탈리엔느trace italienne'로 알려진 새로운 요새의 등장도 전쟁의 양상을 크게 바꾸었다. 전쟁이 개활지에서의 전면전 대신 난공불락의 요새를 둘러싸고 벌어지는 포위전 중심으로 바뀌게 된 것이다.

소총은 제작비가 많이 들고 실제 전투에서 살상력을 높이기 위해서는 많은 수의 병력에 의한 밀집 사격이 필수 요소였다. 또 트라스 이탈리엔느의 기술로 축조된 요새 도시를 포위해 항복을 받아내기 위해서는 이를 이중, 삼중으로 둘러싸기에 충분한 수의 병력을 확보해야 했고, 짧게는 한 달에서 길게는 일 년 이상 이어지는 포위전 기간에 식량과 무기를 보급

트라스 이탈리엔느

해야 했다. 그 결과 전쟁에 동원되는 병력의 규모와 이를 동원하고 유지하기 위해 소요되는 재원이 크게 증가했다. 16세기 초에 4만 명 정도였던 프랑스군의 병력 규모가 16세기 말에는 8만여 명, 17세기 중엽에는 10만여 명으로 증가했고, 루이 14세의 대외 팽창 정책이 절정에 달한 18세기 초에는 무려 40만 명에 달했다. 총 인구수가 150만 명 정도에 불과했던 네덜란드 같은 소국도 스페인과의 80년 가까운 긴 전쟁 기간 동안 평균 6만여 명의 병력을 유지해야 했다. 일시적이긴 하지만 1629년에는 네덜란드의 병력이 12만 명을 넘어서기도 했다. 군과 전쟁에 투입되는 재정 규모도 엄청나게 늘어났는데, 국가의 전체 재정 규모가 늘어났을 뿐만 아니라 재정에서 군사비가 차지하는 비율이 월등히 증가했다. 평시 군사비 지출은 전체 국가 예산의 반 이상을 차지했고, 전쟁이 발발하면 전체 예산을 훌쩍 넘어섰다. 유럽 각국은 엄청나게 불어난 군비를 충당하기 위해 금융업자들에게 많은 채무를 져야 했고, 빚을 감당하지 못한 스페인 같은 국가는 여러 차례에 걸쳐 파산 선고를 하고 대출금 상환을 일시 중단하기도 했다.

군사사가들이 '군사혁명'이라고 이름 붙인 이러한 대대적인 전쟁 양식의 변화를 겪으면서 유럽 국가들은 점차 근대 국가로서의 모습을 갖춰갔다. 국가들 간의 치열한 경쟁 속에서 모든 권력을 중앙정부에 집중시키기 위해 국가가 사회에 가하는 압력은

'군사혁명' 시기 유럽 근대 국가의 역사는 국가 간 경쟁에서 자국의 지위를 지키려 끊임없이 투쟁하는 동시에 국내적으로는 권력 독점을 꾀하는 국가와 이에 저항하는 사회 집단 간의 갈등의 역사이기도 했다.

계속 증가했다. 하지만 국가에 대한 봉건 귀족과 도시의 상인 계층 등 사회 집단의 저항 역시 만만치 않았다. 이 시기 유럽 근대 국가의 역사는 다른 국가와의 관계에서 자신의 지위를 지키려 끊임없이 투쟁하는 국가의 역사인 동시에 국내적으로는 권력 독점을 꾀하는 국가와 이에 저항하는 사회 집단 간의 갈등의 역사이기도 했다. 이러한 이중의 갈등과 투쟁이 어떻게 전개되느냐에 따라 유럽의 근대 국가는 두 가지 경로 중 하나를 선택하게 된다. 하나는 '절대주의'의 길이었고, 다른 하나는 '입헌주의'의 길이었다. 먼저 절대주의의 경로를 밟은 프랑스와 브란덴부르크-프로이센에 대해 살펴보자.

프랑스

프랑스는 15세기 말에서 16세기 초 합스부르크 제국의 출현으로 가장 큰 위협에 직면했던 국가들 중 하나이다. 프랑스와 국경을 두고 마주한 스페인과 네덜란드, 북부 이탈리아와 독일 서부 지역이 모두 합스부르크가의 통치를 받는 지역이었으므로 프랑스의 불안감이 얼마나 컸을지 짐작할 만하다. 1494년에 시작되어 반세기 이상 지속된 이탈리아 전쟁 이후 프랑스 대외 정책의 가장 중요한 목표는 바로 이 합스부르크에 의한 '포위'를 뚫고 자국의 안전을 도모하는 것이었다. 프랑스는 합스부르크와의 경쟁

이 어느 정도 잦아들기 시작한 17세기 중반부터는 '자연국경설'
을 구실로 영국, 독일, 네덜란드를 비롯한 유럽의 거의 모든 국
가를 상대로 전쟁을 벌였다. 계속되는 전쟁의 와중에서 국왕의
중앙정부는 왕국의 영토와 인구에 대한 지배 권력을 강화해나갔
다. 사회 집단들, 특히 프랑스의 경우 봉건 귀족들이 이러한 상
황을 수수방관했던 것은 아니다. 귀족들은 지방의회를 중심으로
왕권 강화에 격렬하게 저항했으며, 이러한 저항은 종종 중앙정
부에 심각한 위협이 되기도 했다. 루이 14세가 즉위한 지 얼마
지나지 않아 중앙 권력의 전횡에 불만을 품은 귀족들은 '프롱드
의 난(1648~1653)'을 일으켰고, 국왕은 잠시 왕궁이 있는 파리
를 떠나 피신해야 했다.

　하지만 최후의 승자는 국왕의 중앙 권력이었다. 경제의 전반
적인 상업화가 진행되는 상황에서 귀족이 상업 활동에 종사하는

프롱드의 난

것을 금지하는 '법도'에 얽매여 프랑
스 귀족들의 경제 상황은 갈수록 악
화되었다. 반면, 성공한 도시민들이
관직 매매를 통해 수입을 올리는 정
부의 관행을 이용해 관직을 사고 귀
족의 작위를 획득한 결과 기존 귀족
들과 신귀족 사이의 경쟁 구도가 만
들어진 것도 귀족의 저항 의지를 꺾

마키아벨리

르네상스 시대 이탈리아의 사상가이자 정치철학자. 1513년 발표한 《군주론》에서 그는 위대한 군주와 강한 군대, 풍부한 재정이 국가를 번영하게 하는 것이고, 국가의 이익을 위해서 군주는 어떠한 수단을 취하더라도 허용되어야 하며, 국가의 행동에는 종교 및 도덕의 요소를 적용해서는 안 된다는 주장을 펼쳐, 이후에

정치사상계에서 많은 논란을 불러일으켰다.

는 요인이었다. 또 영국과는 다르게 귀족들의 저항을 한데 결집할 수 있는 전국 차원의 대의 기관이 부재한 것도 중앙 권력의 승리에 기여했다. 결국 프랑스는 절대주의로 알려진, 국왕 개인에게 국가의 모든 권력을 집중시키고 이에 대해 어떤 도전도 허용하지 않는 국가 형태를 발전시켰다. 특히 귀족들의 격렬한 저항을 물리치고 왕권을 강화하는 데 성공한 루이 14세 치하의 프랑스는 절대주의 국가의 전형으로 꼽힌다.

루이 14세

절대주의는 근세 초 많은 사상가들의 지지를 받은 국가 형태이기도 하다. 보댕은 주권의 담지자로서의 국왕의 절대 권력을 '그가 원하는 대로 법을 만들고 폐기할 수 있는 능력', '자신이 만든 법에 스스로 구속되지 않을 수 있는 권력'으로 정의했다. 내전으로 인한 정치적, 사회적 혼란이 한창이던 영국에서 홉스는 사회 질서를 안정적으로 유지하기 위해 '리바이어던Leviathan'이라 불리는 중앙 권력에 무제한의 권력을 부여해야 한다고 주장하기도 했다. 프랑스의 성직자였던 보쉬에Jacques-Bénigne Bossuet는 국왕이 신의 대리인임을 강조하며 중앙 권력의 신성성을 강조했는데, 이러한 주장은 '왕권신수설王權神授說'로 알려졌다. 마키아벨리Niccolò Machiavelli(1469~1527)로부터 이어지는 '국가이성reason of state' 사상은 더 많은 권력을 소유하고 싶어 하는 국가는 통상적인 도덕과 법의 제약으로부터 자유로운 상태에서 자신의 이익을 추구할 수 있다고 주장했다.

마키아벨리

자연법

자연 또는 이성을 기초로 존립하는, 인위적인 법률 및 가치와 달리 시간과 공간의 제약을 뛰어넘는 보편적이고 불변적이며 초경험적인 법칙이다. 정치 공동체나 사회, 국가 등에서 만든 실정법과 반대되는 의미로 쓰이지만, 실정법 자체를 부정하기보다는 상위 규범의 개념으로서 상호 보완적 기능을 한다.

홉스의 《리바이어던》
표지

그러나 이 사상가들이 사적인 이해관계에 근거해 권력을 자의적으로 행사할 수 있는 국왕의 권리까지를 옹호한 것은 아니다. 보댕이 주권자로서의 국왕이 법의 구속을 받지 않는다고 했을 때의 의미는 어디까지나 '공법公法'의 경우에 그렇다는 것이었고, 개인들 간의 계약 관계같이 '사법私法'이 적용되는 영역에서는 국왕 역시 다른 이들과 마찬가지로 법의 구속을 받는다고 보았다. 보댕은 또한 국왕이 '자연법natural law'의 구속을 받는다고 주장함으로써 관점에 따라서는 왕권을 대단히 폭넓게 제약할 필요가 있다는 의미로 해석될 수 있는 여지를 남겨두었다. 국가이성 사상의 경우에도 국가의 이익 추구가 통상적인 도덕적, 법적 제약을 넘어서는 것은 그러한 국가의 활동이 어디까지나 합리적이고 효율적으로 이루어지는 한에서만 허용될 수 있다고 보았다. 즉 공공의 이익을 위해서 불가피한 경우에만 국가가 도덕과 법 위에 설 수 있다는 것이다.

실제로 프랑스 절대군주의 권한은 결코 '절대적'이지 않았으며, 여러 가지 제약을 받았다. 귀족들은 무력으로 중앙정부에 맞설 수 있는 능력은 상실했지만 '파를망parlement'과 지방의 대의기관을 통해 지나친 왕권 강화에 저항하고 자신들의 권리를 수

파를망

프랑스의 고등법원. 고등법원은 절대왕권을 제약하는
두 가지 권리를 지녔는데, 등기권과 간주권이 바로 그
것이었다. 왕의 칙령이 효력을 발휘하려면 우선 고등
법원에 등기되어야 했다. 한편 고등법원은 등기를 거
부할 때 그 이유를 명시했고, 이 경우에 왕은 법정에
친림하여 칙령 등록을 강요했다. 'parlement'은 원래

프랑스에서 '말하다'라는 뜻을 가진 'parler'에서 유
래했는데, 영국에서는 '의회'를 뜻하는 'parliament'
에 해당한다.

호하려 했다. 파를망은 특히 국왕의 칙령을 등록하여 정식으로
법제화하는 기능을 수행했는데, 이를 구실로 왕권을 강화하려는
중앙정부의 시도를 번번이 무산시켰다. 앞서 언급한 '프롱드의
난' 역시 파를망의 주도로 일어난 것이었다. 이와 함께 랑그독,
브레타뉴, 부르군디, 프로방스 등 '페이 데타pays d'état'로 알려진
지방의회는 국왕의 조세 요구를 심사하고 세금 징수를 직접 관
장하는 권한을 보유했고, 따라서 중앙정부는 이들 지방의회와의
협상과 타협을 통해서만 일정액의 세수를 보장받을 수 있었다.
중앙 권력에 대한 귀족의 이와 같은 저항과 도전은 후에 프랑스
혁명이 발발하는 일차적 원인을 제공하기도 했다.

프랑스 절대왕정이 권력 행사에서 제약을 받았던 또 하나의
이유는 매관매직이 성행했다는 사실에서도 찾을 수 있다. 거듭
된 전쟁이 초래한 재정 문제를 해결하기 위해 16세기 초부터 시
작된 이 관행은 후에 정부의 가장 중요한 수입원 가운데 하나가
되었다. 문제는 이러한 매관매직의 관행이 정부의 효율성을 크
게 잠식하는 결과를 가져왔다는 점이다. 쉽게 예상할 수 있듯이
돈을 지불하고 관직을 구입한 관리들은 국가의 이익, 공공의 이
익보다는 자신의 이익을 우선시하는 경향을 보였다. 즉 '투자비'
를 회수하기 위해 관직을 이용해 금전적 수입을 벌어들이는 데
에만 열을 올렸다. 또 이들 관리들은 업무에 필요한 전문 지식을
결여한 경우가 많았고, 당장의 수입원 확보가 시급한 정부가 관

절대주의 시대에 확립된 국가 운영의 기본 원칙과 제도가 오늘날 근대 국가의 모습을 갖추는 데 결정적인 기여를 했다. 무엇보다 권력의 중앙 집중을 통해 행정의 효율성을 극대화하고 국가의 대외적 힘을 증대하는 것이 필요하다는 사고가 일반화되었다.

직을 중복 신설하여 판매했기 때문에 정부의 비효율성은 계속 악화될 수밖에 없었다. 그렇다고 중앙정부가 이와 같이 비효율적인 시스템을 근본적으로 개혁하는 것도 불가능했다. 돈으로 매매된 관직은 그 구매자의 개인 재산과 같이 취급되어 함부로 빼앗거나 그 내용을 변경할 수 없었기 때문이다.

　일부 역사가들은 프랑스 등 유럽의 절대왕정을 구속했던 여러 제약들을 열거하면서 절대주의에 관해 일반적으로 알려진 내용 중 상당 부분이 '신화'에 불과하다고 지적한다. 콜린스James Collins 는 17~18세기의 프랑스를 "다언어 제국polyglot empire"으로 정의하기도 했다. 하지만 여러 한계들에도 불구하고 절대주의 시대에 확립된 국가 운영의 기본 원칙과 제도가 오늘날 근대 국가의 모습을 갖추는 데 결정적인 기여를 한 것은 사실이다. 다른 무엇보다 권력의 중앙 집중을 통해 행정의 효율성을 극대화하고 국가의 대외적 힘을 증대하는 것이 필요하다는 사고가 일반화되는 데 기여했다. 19세기 프랑스의 정치사상가 토크빌Alexis de Tocqueville은 《구체제와 프랑스 혁명》에서 절대주의 시대에 시작된 중앙정부로의 권력 집중 현상이 프랑스 혁명과 나폴레옹 제국 시대를 넘어 프랑스 국가의 항구적 특징이 되었다고 서술한 바 있다.

토크빌

북방 전쟁

폴란드와 스웨덴이 왕위 계승 문제를 놓고 벌인 전쟁. 1655년 스웨덴 국왕 카를 10세 구스타프가 발트 해의 영토 확장을 노리고 폴란드에 전쟁을 선포했다. 스웨덴이 브란덴부르크-프로이센과 동맹을 맺고 전쟁 초기에는 승리를 거두며 폴란드로 침공했으나 러시아와 덴마크, 오스트리아가 스웨덴에 전쟁을 선포하고 이에 브란덴부르크-프로이센이 가세했다. 이후 스웨덴이 덴마크로부터 스코네 지역을 얻으면서 전쟁은 종료되었다.

브란덴부르크-프로이센

브란덴부르크-프로이센은 '전쟁의 시대'에 군사혁명으로 촉발된 절대주의 국가 건설의 또 다른 사례를 보여준다. 17세기 중엽까지만 하더라도 브란덴부르크-프로이센은 베를린을 중심으로 하는 동부 독일과 오늘날의 폴란드 일부 지역에 걸쳐 위치한 소국에 불과했다. 다만 그 수장이 브란덴부르크 대공으로서 신성로마제국의 황제를 선출할 권리를 가지는 선제후選帝侯 중 한 명이었다는 사실이 이 소공국을 독일의 다른 국가들과 구분해주는 유일한 요인이었다. 얼마 되지 않는 인구에 토지도 척박했던 브란덴부르크-프로이센은 30년 전쟁 동안 엄청난 피해를 입었다. 또 30년 전쟁이 끝나고 얼마 지나지 않아 폴란드, 스웨덴과 북방전쟁Northern War(1655~1660)을, 1672년에는 프랑스와 전쟁을 벌여야 했다. 이처럼 계속되는 전쟁의 압력 속에서 '대선제후'라 불린 프리드리히 빌헬름 1세(재위 1640~1688)는 프랑스, 러시아, 오스트리아, 심지어는 폴란드나 스웨덴과 비교해서도 약소국에 불과했던 브란덴부르크-프로이센의 전쟁 수행 능력을 극대치로 끌어올리고자 과감한 개혁 조치를 취했다.

프리드리히 빌헬름 1세

　가장 대표적인 조치가 '총군사코미사르국Generakriegslkommisariat'이라는 전쟁 수행 총괄 기구의 설립이다. 애초에 이 기구는 전쟁이라는 급박한 상황에서 보급, 군 행정, 충원 등 시급한 과제를 해결할 목적으로 만들어졌다. 하지만 전쟁이 연이어 발발하고, 전쟁에 필요한 인력과 재원의 규모가 이전과는 비교할 수 없을 만큼 증가하자 총군사코미사르국의 권한 역시 차츰 확대되기 시작했다. 폴란드와 전쟁을 치르는 동안에는 전쟁에 필요한 세금을 직접 징수하고, 전시 재정을 관리하고 운용하는 책임을 맡기 시작하더니 프랑스와의 전쟁이 발발한 1672년부터는 일반 행정, 사법 분야까지 장악했다. 전쟁 기구가 국가와 사회 전체에 대한 권력을 장악하게 된 것이다.

이러한 관행은 대선제후의 후임자들에게까지 이어져서 1733년에는 전국이 칸톤Kanton이라는 행정 단위로 나뉘고 각 칸톤에는 일정 수 이상의 군사를 훈련하고 유지해야 하는 책임이 부여되었다. 이후 브란덴부르크-프로이센의 모든 신민은 일정 기간 이상 기초 훈련을 받고 생업에 종사하다가 필요시 자신이 속한 칸톤의 군부대에 복무할 의무를 졌다. 이는 사실상 반半강제적인 동원 체제였다. 주된 징병 대상이었던 농민들과 도시의 무산 노동자들은 각자의 칸톤에 속박된 채 이주의 자유를 상실했고, 심지어 결혼도 소속 부대 지휘관의 승인을 얻어야 했다. 다른 나라에 비해서 과중한 세금을 납부해야 했음은 물론이다. 한 역사가는 이러한 '전국의 병영화'를 두고 "나라 전체가 군인 양성소가 되었다. 메멜에서 라인 강에 이르기까지 머스켓(구식 소총) 덜걱거리는 소리와 병사들의 군화 소리가 일 년 내내 그칠 날이 없다"라고 말하기도 했다. 브란덴부르크-프로이센 정부는 사소한 범죄에 대해서도 과도하게 가혹한 처벌을 내리는 등 국민들을 매우 엄격하게 다루었다. 이는 범죄자를 교화하려는 것이라기보다는 다른 국민들에게 본보기를 보이려는 동기에서 비롯되

군인왕이라 불린 또 다른 프리드리히 빌헬름 1세(재위 1713~1740)가 이끌었던 장신의 병사들

었고, 그 궁극적인 목적은 신민들로 하여금 언제라도 동원될 수 있는 잠재적인 병사로서 '규율discipline'을 엄격하게 지키도록 하는 데 있었다.

　전쟁의 승리를 위한 이 같은 급진적 조치들이 효력을 발휘한 결과 브란덴부르크-프로이센은 다른 어떤 유럽 국가보다도 인구와 자원에 비해 잘 훈련된 병력을 더 많이 동원할 수 있었다. 17세기 초반 브란덴부르크-프로이센의 병력은 약 8만 3,000명으로 인구 28인당 1명이 군대에 복무하는 셈이었다. 또 유럽 전체를 놓고 볼 때 네 번째로 큰 규모였는데, 당시 브란덴부르크-프로이센이 유럽 국가들 중 영토 크기에서는 10번째, 인구로는 13번째 국가였다는 점을 감안하면 정부가 얼마나 효율적으로, 또 얼마나 강압적으로 재원과 인력을 사회로부터 '추출'했는지 미루어 짐작할 수 있다. 그러한 급진적 조치들이 가져온 또 다른 결과는 브란덴부르크-프로이센에서 '국가 기구=전쟁 기구'라는 등식

이 성립하게 되었다는 점이다. 이를 두고 19세기 독일의 역사학자 힌체Otto Hintze는 "모든 국가는 원래 전쟁을 주 임무로 하는 군사 조직"이라고 정의하기도 했다.

이러한 힌체의 정의가 브란덴부르크-프로이센의 경우에만 해당하는 것은 아니다. 프랑스를 비롯한 거의 모든 나라에서 국가와 전쟁은 떼려야 뗄 수 없는 관계에 있었다. 파리의 루브르 박물관에는 이 시기 절대군주의 군사적 위엄과 영광을 기념하기 위해 그려진 거대한 '전쟁화'들이 여러 점 전시되어 있다. 다만 브란덴부르크-프로이센의 경우에는 양자 간의 관계가 유독 '급진적'이었다. 즉 브란덴부르크-프로이센은 국가의 유일한 존재 이유가 더 많은 전쟁에서 승리하는 데 있으며, 그러한 목적을 위해서라면 그 밖의 모든 것은 희생되어야 하는 것처럼 행동했다. 브란덴부르크-프로이센은 '전쟁-근대 국가설'을 가장 극적인 방식으로 증명하는 사례라고 할 수 있다.

절대주의 국가로서 브란덴부르크-프로이센이 다른 절대주의 국가, 특히 프랑스와 다른 점은 권력의 중앙 집중에 반대하는 귀족 세력의 저항을 잠재우는 데 성공했다는 것이다. 한편으로는 귀족 세력을 강압함으로써, 다른 한편으로는 이들을 회유함으로써 그러한 결과를 얻었다. 애초에 귀족들은 '신분의회'를 중심으로 정부의 중앙집권화 정책에 저항했다. 하지만 정부는 이를 분쇄하고 신분의회를 사실상 무력화하는 데 성공했다. 여기에는

융커

프로이센의 지배 계급을 형성한 보수적인 토지 귀족을 말한다. 식민 운동에 의해 개발된 동부 독일에서 대농장을 경영하던 융커는 폐쇄적 사회를 형성하며 왕가에 대한 두터운 충성심으로 프로이센 행정 기구의 요직 및 상급 장교의 지위를 독점하여 큰 세력을 행사했다. 그 세력은 통일 후의 독일에도 존속했으나 제2차 세계대전 후 동부 독일의 농업 개혁에 의해서 소멸되었다.

여러 가지 요인이 작용했지만, 브란덴부르크-프로이센이 지정학적으로 위협에 처하기 쉬웠기 때문에 귀족들이 자신들만의 특권을 주장하기가 어려웠다는 사실이 특히 중요하다. 국가는 또한 회유책으로 귀족들에게 장교가 될 수 있는 권한을 독점하도록 했다. 시간이 흐르면서 일부 장교직은 일반 평민 출신에게도 개방되었지만 고위 장교직은 귀족들이 계속 독점했으며, 이러한 관행은 1945년 독일이 제2차 세계대전에서 패망할 때까지 이어졌다.

다만 브란덴부르크-프로이센은 프랑스처럼 귀족들이 장교직을 사유재산처럼 점유하는 것을 허용하지는 않았다. 브란덴부르크-프로이센에서 프랑스식 매관매직제는 결코 뿌리를 내릴 수 없었다. 국왕과 정부가 장교직을 포함한 모든 공직에 대해 절대적인 통제권을 보유하면서, 완전하지는 않지만 능력과 성과에 따른 보상 체계를 유지하려 애썼기 때문이다. 어쨌든 귀족들로 하여금 장교직을 독점하게 하면서도 그에 대한 통제의 권한을 포기하지 않음으로써 브란덴부르크-프로이센의 절대주의 국가는 '국가와 귀족의 융합'을 이루어냈다. 특히 '융커Junker'라고 불린 토지 귀족들은 국가와의 이러한 융합을 통해 자신들의 특권적 지위를 공고히 하려 했고, 이후 브란덴부르크-프로이센, 1871년 독일 통일 이후에는 독일 전체의 중심적인 사회 세력이 되었다. 프랑스와 달리 19세기 이후 브란덴부르크-프로이센 국가의 역사가 입헌주의, 자유주의의 길로 가지 못하고 이전 세기부터 이어진 보수적이고 관료적이며 군국주의적인 성격을 계속 유지한 것도 결국 이들 융커 계급이 국가를 실질적으로 지배했기 때문이다. 일부 역사가들은 19세기 후반과 20세기 전반에 독일이 특별하면서도 비극적인 역사의 길을 걷게 된 근본 원인이 17~18세기 독일의 특수한 국가 건설 과정에 있다고 주장하기도 한다.

3

입헌주의 국가의 등장

영국

한편, 대내적인 동시에 대외적인 이중의 갈등 속에서 영국, 네덜란드 등 유럽의 일부 국가와 18세기 후반 영국으로부터 독립한 미국 등은 절대주의 대신 '입헌주의'의 길을 택했다. 입헌주의는 절대주의와 달리 국왕 혹은 정부의 권력 행사가 일정한 제도를 통해 제한 내지는 견제되어야 한다는 사상에 기초한 국가 형태를 의미한다. 입헌주의에서 국가의 권력 행사를 제약하는 방법에는 크게 두 가지가 있는데, 하나는 정부의 구성과 권한의 한계를 규정하는 일련의 규칙과 규범을 제정하는 것이고, 다른 하나는 서로 독립적인 복수의 정부 기구들에 권한을 분산하여 권력의 집중을 막고, 이들 간의 견제와 균형을 통해 자의적인 권력 행사를 사전에 예방하는 것이다. 이러한 입헌주의 체제가 가장 먼저 그리고 가장 고전적인 방식으로 등장한 곳은 17∼18세기의 영국이다.

왜 영국에서 현대적인 입헌민주주의의 시초라 할 정치 체제가
그토록 이른 시기에 정착되었는지에 관해서는 역사가들 사이에
의견이 엇갈리고 있다. 하지만 봉건 귀족의 힘이 오랜 기간에 걸
친 자멸적인 세력 다툼의 결과 크게 약화되었고, 영국 특유의 장
자 상속제로 인해 가문의 토지와 지위를 상속받지 못한 귀족 자
제들이 생존을 위해 '생업'에 뛰어든 결과 귀족과 일반 시민 계
급 사이의 경계가 모호해졌으며, '젠트리gentry'와 귀족 사이에 위
치한 집단이 정치적·경제적으로 상당한 영향력을 행사하게 되
었던 사실 등이 입헌주의의 등장을 가져온 국내적인 요인이라는
데 어느 정도 합의가 이루어져 있다. 이에 더해서 이미 13세기
초에 귀족들이 존 왕으로 하여금 국왕의 권리를 제한한 '대헌장
Magna Carta'을 인정하도록 하는 데 성공했던 사례에서도 알 수 있
듯이 국왕의 자의적인 권력 행사를 어떤 식으로든 견제하고 제
한하는 전통이 오랜 기간 그 힘을 잃지 않고 계속 이어져왔다는

대헌장

사실 역시 중요하다. 대외적으로는
영국이 지정학적 특성 때문에, 1589
년 스페인이 '무적함대Armada'를 앞
세워 침공을 시도한 (그리고 결국에는
실패한) 때를 제외하고는 16~17세
기의 대부분 시기 동안 별다른 위협

에 처하지 않았다는 점 역시 입헌주의의 등장에 유리한 요인이 되었다. 같은 시기 프랑스, 스페인 등 대륙 국가들은 근대 전쟁의 소용돌이 속에서 더 많은 권력을 국왕에 집중시킴으로써 생존을 도모해야 했다. 반면, 그러한 소용돌이로부터 한 발짝 비켜 있던 영국은 상대적으로 권력 집중의 필요성이 적었다.

영국의 입헌주의는 이와 같이 권력의 중앙 집중에 그다지 호의적이지 않은 요인들을 배경으로 17세기 말 온전한 형태를 갖추어 정착되었다. 하지만 그렇게 되기 전에 영국은 피비린내 나는 내전을 겪어야 했다. 아이러니한 것은 그 내전이 영국의 특수한 반反중앙 집중적 요인들을 무시하고 대륙식 중앙집권 체제를 지향했던 국왕에 의해서 촉발되었다는 사실이다. 보다 구체적으로는 왕권신수설을 신봉하며 프랑스식 절대주의를 흠모하던 영국 국왕 찰스 1세(재위 1625~1649년)와 중세 시기부터 왕권에 대항하여 귀족의 특권을 효과적으로 수호해온 의회Parliament의 대립이 심화되면서 시작되었다. 국왕파와 의회파 사이의 치열한 싸움은 결국 1649년 찰스 1세가 처형됨으로써 후자의 승리로 끝났고, 영국 역사상 유례없는 '공화정'의 시대가 도래했다. 하지만 호국경 크롬웰Oliver Cromwell(1599~1658)과 그의 아들이 주도한 '공화국 실험'은 오래 지나지 않아 실패로 끝났고 왕정이 복구되었다. 1660년과 1685년에 각각 왕위에 오른 찰스 2세와 그의 동생 제임스 2세는 그들의 아버지 찰스 1세 못지않게 절대왕정과

크롬웰

크롬웰

영국의 정치가이자 군인으로 1642~1651년의 청교도 혁명에서 왕당파를 물리치고 공화국을 세우는 데 큰 공을 세웠다. 1653년에 통치장전을 발표하고 호국경에 올라 전권을 행사했다. 1649년 5월 영국의 최초이자 마지막 공화국인 '영국 연방'을 세우고 중상주의 정책을 시작했으나, 영국 역사에 군사독재라는 오점을 남겼고, 반의회파의 거점이기도 했던 아일랜드와 스코틀랜드를 침공하기도 했다.

월리엄과 메리

왕권신수설의 신봉자였으며, 이것은 의회와 계속 갈등을 빚는 원인이 되었다. 결국 1689년, 의회는 제임스 2세를 왕위에서 축출하고, 대신 그의 딸 메리와 그녀의 남편인 네덜란드의 오렌지 공 윌리엄에게 새로운 공동 통치자가 돼달라고 요청했고, 두 사람이 이를 수락함으로써 왕권 교체가 이루어지게 되었다.

의회는 메리와 윌리엄에게 국왕의 직위를 수여하는 조건으로 국왕 권력의 한계를 명확히 주지시키고자 했고, 그 결과 '권리장전Bill of Rights'이 탄생했다. 이 권리장전에서 국왕은 사법권 행사를 금지당하고, 의회의 동의 없이 세금을 부과하지 않을 것을 맹세해야 했다. 국왕은 또한 의회 선거에 개입하거나 의회 내에서 표현과 토론의 자유를 제약하지 않을 것임을 다짐해야 했다. 신민들에게는 보복을 두려워하지 않고 국왕에게 청원할 권리가 주어졌다. 이전과는 달리 별다른 무력 사용 없이 왕권 교체와 정치 체제의 개혁에 성공했다고 하여 '명예혁명Glorious Revolution'으로 이름 붙여진 이 사건을 계기로 '국왕은 군림하되 통치하지 않는다'는 입헌군주제의 초석이 마련되었고, 정치권력의 행사에서 의회가 국왕에 대해 실질적으로 우위에 선다는 원칙이 확고하게 자리 잡게 되었다.

사상의 측면에서 입헌주의의 이념을 가장 고전적으로 정식화한 이는 명예혁명 시기에 활동한 로크이다. 로크의 정치사상은 홉스와 비교함으로써 더욱 명확하게 이해할 수 있다. 홉스와 로크는 국가 권력의 근거를 시민들 간의 사회 계약에서 찾았다는 점에서 공통점을 갖는다. 하지만 사회 계약의 결과 만들어진 국가의 성격을 정의하고 규정하는 데 있어서 두 사람은 현격한 차이를 보였다. 홉스는 국가 권력이 절대 나누어져서는 안 된다고 보았다. 법을 만들고 집행하며, 죄지은 이를 심판하고 세금을 거두고 군대를 양성해 전쟁을 수행하는 권한 등 국가의 각종 권력은 모두 긴밀하게 연결되어 있어서 어느 한 부분을 포기하는 경우 전체가 작동하지 못하는 상황에 처할 수 있기 때문이다. 마찬가지로 홉스는 국가의 권력 행사를 제한하는 것도 허용되어서는 안 된다고 보았다. 어떤 경우에 국가가 정해진 한계를 초과해서 권력을 행사했는지를 두고 쉽게 해결되기 힘든 갈등과 분쟁이 발생할 수 있기 때문이다. 홉스는 국가 권력의 분립과 제한은 정부 기능의 마비를 가져오거나 내전을 초래할 뿐이라고 결론지었다.

반면, 로크는 정당하고 합법적인 정부라면 권력을 반드시 분리해서 행사해야 한다고 주장했다. 그는 특히 입법권과 행정권의 분리를 주장했는데, 이 두 권력 중 전자가 후자보다 우위에 있지만 그렇다고 입법을 담당하는 기구에 무제한적인 권력을 부여한 것은 아니었다. 로크는 입법부의 입법권은 어디까지나 자로크는 국가가 권력을 지나치게 자의적으로 행사할 경우 신민들은 이에 저항해 정부를 전복, 교체할 권리가 있다고 보았다.

존 트럼벌, 〈독립 선언〉(1776)

연법의 제약 내에서만 유효한 권력이라고 보았다. 로크는 또한 국가가 권력을 지나치게 자의적으로 행사할 경우 신민들은 이에 저항해 정부를 전복, 교체할 권리가 있다고 보았다.

로크 역시 홉스와 마찬가지로 신민들의 저항이 정치, 사회적인 혼란을 가져올 것임을, 그리고 그것이 자연 상태로의 복귀를 초래할 수도 있음을 잘 알고 있었다. 홉스에게 자연 상태로의 복귀는 무슨 일이 있어도 막아야 하는 것이었다. 그는 자연 상태에서 인간의 삶은 더할 나위 없이 비참할 것이라 판단했기 때문이다. 하지만 로크에게 그러한 혼란은 견딜 만한 것으로 이해되었는데, 그에게 인간은 자연 상태에서도 최소한 이성을 지닌 존재였기 때문이다.

로크의 이른바 '저항권'은 후에 제퍼슨Thomas Jefferson이 초안을 작성한 '미국 독립선언서'에서 매우 간명하게 정식화되었다. 미국 독립선언서는 모든 인간은 "생명과 자유, 행복의 추구"와 같은 기본적인 권리를 가지며, 이러한 권리를 보장하기 위한 목적으로 정부가 세워진 것이기 때문에 만일 어떤 정부가 그러한 목적을 등한시하거나 파괴하는 경우 인민들이 그 정부를 바꾸거나 폐지하고 새로운 정부를 세울 권리를 가진다고 선언했다.

미국

미국의 건국은 입헌주의 국가 건설의 또 하나의 두드러진 사례로 꼽힌다. 잘 알려졌다시피 18세기 후반 북미 대륙의 13개 영국 식민지들은 영국으로부터 독립해 새로운 국가를 세우는 데 성공했다. 새로운 국가의 골격을 만드는 본격적인 시도는 1787년 필라델피아에서 열린 '헌법제정회의(혹은 제헌의회)'에서 이루어졌는데, 이 회의의 핵심 쟁점은 주정부가 연방정부에 대해 절대적 우위를 점하는 기존 체제(독립선언서가 발표된 1776년부터 1787년까지의 정치 체제)의 단점을 어떻게 극복할 것인가 하는 것이었다. 해밀턴Alexander Hamilton, 매디슨James Madison 등 새로운 헌법의 제정을 주도한 이들은 보다 강력한 중앙정부만이 유일한 해결책이라 확신하고 대통령을 수반으로 하는 연방정부에 대외 업무를 총괄하고 통화와 우편 제도를 관리하며 주州를 연결하는 도로 건설을 관장하는 권한을 위임했다. 그리고 가장 중요하게는 이러한 권한을 효과적으로 행사할 수 있도록 시민들에게 직접 세금을 부과하고 징수할 권한을 부여했다.

미국 건국의 아버지로 불리는 해밀턴

　미국에서 이러한 권력의 중앙 집중은 상대적인 관점에서 이해되어야 한다. 즉 기존의 극단적인 권력 분산 체제의 폐해를 극복하기 위한 방편으로 간주해야지, 주정부의 독립성을 완전히 부인하고 유럽식 중앙집권을 실현하려는 시도로 간주해서는 안 된

《연방주의자 논고》
미국 헌법을 지지하는 85편의 논문 모음집을 말한다.
1787년 10월부터 〈인디펜던트 저널〉을 비롯한 뉴욕
시의 신문에 해밀턴, 매디슨 등이 헌법 지지를 이끌어
내기 위해 논문을 썼으며 1788년 8월까지 발표한 총
85편을 모아 익명으로 출판했다. 미국의 정치사상과
헌법 연구에 중요한 자료이다.

다. 권한을 대폭 강화한 연방정부가 설립된 이후에도 주정부는
여전히 상당한 자율성을 보유했다. 엄격히 말하면, 토크빌이
1835년 출간한 《미국의 민주주의》 제1권에서 언급했듯이, 어디
까지나 "주정부가 원칙이었고 연방정부는 예외"였다. 실제로 연
방정부가 행사할 수 있는 권한은 헌법에 열거된 권한들에 국한
되었다. 그 외의 모든 권한은 주정부의 몫이었다. 매디슨은 《연
방주의자 논고》 제45장에서 "헌법이 연방정부에 위임한 권력은
얼마 되지 않을뿐더러 매우 제한적이다. 반면 주정부 소관의 권
력은 수도 많고 확정되어 있지도 않다"라고 지적했다.

　연방정부와 주정부가 권력을 공유하는 연방주의 제도를 채택
했다는 사실과 더불어 새로운 미국 국가의 가장 두드러진 특징
은 국가의 권력 행사를 법을 통해 규정, 제한하고 권력의 분립을
통해 정부 기구들 간 견제와 균형을 도모하는 입헌주의의 원칙
을 구현했다는 점이다. 다른 무엇보다도 헌법의 존재 자체에 큰
의미가 있다. 미국 헌법은 정부의 구성과 권한에 관한 기본 지침
을 제공한다는 명확한 목적을 염두에 두고 제정된 최초의 헌법
이다. 오늘날까지도 큰 줄기의 변화 없이 그 위상을 유지하며 미
국의 국가 정체성에서 핵심적인 부분으로 남아 있는 이 헌법은
자의적 권력 행사에 대한 효과적인 견제 수단으로 기능해왔다.
미국 입헌주의의 가장 중요한 특징 중 하나는 사법부, 특히 연방
대법원이 이와 같은 헌법의 권력 견제 기능에서 핵심적인 역할

마베리 대 매디슨 사건

미국 연방헌법 제3조에 의한 판결로, 세계 사법 심사의 획기적 사건이 된 판례이다. 1801년 3월 제3대 대통령의 정권 교체 과정에서 발생한 사건에 대해 당시 미 연방대법원이 헌법에 위배되는 의회의 법률은 법원에 의해 위헌 무효로 판결될 수 있다고 세계 최초로 판결했다. 이를 시작으로 사법 심사가 전 세계로 확대되었으며, 현재 사법 심사 또는 헌법 재판은 전 세계 국가들이 도입하고 있다.

을 담당한다는 것이다. 1803년 '마베리 대 매디슨Marbury v. Madison 사건'에 대한 판결에서 마셜John Marshall이 이끄는 연방대법원이 의회가 제정한 법률이 헌법에 합치되는지를 판단할 권한을 보유하고 있음을 선언한 이래 '사법 심사권judicial review'은 미국의 사법부가 행정부와 입법부의 정당하지 못한 월권 행위를 잠재적으로 견제하는 수단이 되었다. 헌법 제정자들은 이와 같은 사법부의 역할을 어느 정도 예견했던 것으로 보인다. 《연방주의자 논고》제78장에서 해밀턴은 "특정한 법률이 헌법에 위배될 때마다 전자를 폐기하고 후자를 고수하는 것이 사법부의 임무"이며, 사법부는 "의회의 월권으로부터 헌법을 수호하는 보루"가 되어야 한다고 주장했다. 토크빌은 《미국의 민주주의》에서 연방대법원이 민주주의의 "경박함"으로부터 국가의 "평화와 번영, 그리고 생존 자체"를 지켜야 하며, 따라서 "대법원이 신중하지 못하거나 나쁜 인물들로 이루어져 있다면 합중국은 무정부 상태나 내란에 휩쓸려 들어갈 것"이라고 지적하기도 했다.

마베리

매디슨

18세기 후반 등장한 이 새로운 국가는 또한 권력의 분립을 통해 중앙정부의 자의적인 권력 행사를 방지하고자 했다. 《연방주의자 논고》제51장에서 매디슨은 "인간이 천사라면 왜 정부가 필요하겠는가?"라고 반문한 뒤 "인간의 지나친 이기심은 오직 다른 인간의 이기심을 통해서만 상쇄될 수 있다"는 다소 '냉소적'인 주장을 내세우면서 정부 부처들 간 견제와 균형을 통해 국

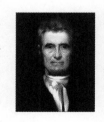

마셜

가의 권력이 자의적으로 행사될 가능성을 차단할 것을 제안했다. 실제로 미국의 정부 시스템은 입법부와 행정부, 사법부 세 부처 간 정교하게 짜인 견제와 균형의 메커니즘으로 특징지어진다. 입법권을 가진 의회는 대통령이 중대한 과실을 저지를 경우 그를 탄핵할 권리를 가지며, 대통령이 임명한 공직자들을 심사하고 그 적격 여부를 가려내거나 대통령이 체결한 조약을 비준하고 다른 국가에 대한 선전포고를 최종적으로 승인할 권한을 가진다. 또한 연방법원 판사에 대한 임명 동의권을 행사한다. 행정부의 경우 대통령은 의회에서 통과된 법률안에 대해 거부권을 행사할 권한을 보유한다. 부통령이 상원의장직을 겸임하는 것도 행정부의 의회에 대한 견제의 차원에서 이해될 수 있다. 연방대법원으로 대표되는 사법부는 앞서 언급한 사법 심사권을 통해 헌법에 위배되는 법률을 폐기할 권한을 가진다. 또한 대법원 판사에게는 '정치적인 권력'을 행사하는 행정부와 입법부의 압력에 맞서 독립성을 유지할 수 있도록 한번 판사직에 임명되면 큰 과실이 없는 한 그 직위를 계속 유지할 권리가 부여되었다.

매디슨은 미국의 고유한 연방 제도 역시 권력 분립의 관점에서 이해될 수 있다고 보았다. 권력이 3개 부처 간에 분립될 뿐만 아니라 연방정부와 주정부 간에도 분립된 것으로 보아야 한다는 것이다. 그 결과 한편으로는 횡적인 차원에서, 다른 한편으로는 종적인 차원에서 정부 기구들 간에 견제와 균형이 이루어지고,

따라서 권력을 자의적으로 행사할 가능성은 그만큼 더 줄어들게 된다고 주장했다. 미국은 연방제를 채택함으로써 영국에 비해 더욱 견고한 입헌주의 국가가 될 수 있다는 것이다. 매디슨은 이를 '이중의 안전장치double security'라고 불렀다.

해밀턴이나 매디슨이 헌법을 새로 제정하여 새로운 국가를 건설할 것을 주장했을 때 그들이 중점을 둔 것은 미국이 하나의 정상적인 '국가'로 기능하기 위해서 보다 강력하고 보다 효율적인 연방정부가 필요하다는 것이었다. 해밀턴과 매디슨은 당시 유럽의 근대 국가들을 염두에 두었던 것으로 보인다. 하지만 이 두 '건국의 아버지'는 미국이 결코 유럽식 근대 국가 건설의 길을 갈 수 없음을 잘 알고 있었다. 무엇보다 미국은 '큰' 나라였다. 18세기 말 미국의 영토는 지금의 절반에도 훨씬 미치지 못했지만 그 정도의 영토만으로도 프랑스 영토의 몇 배에 달하는 규모였다. 당시의 교통, 통신 수단의 수준을 감안했을 때 유럽 국가들과 같은 정도의 중앙집권화를 달성한다는 것은 사실상 불가능했다. 또한 지리적으로 다른 국가들로부터 멀리 떨어진 탓에 미국은 실제로나 잠재적으로나 안보 위협 역시 특별히 심각하지 않았다. 물론 해밀턴은 《연방주의자 논고》에서 당시 스페인이 국제 수로인 미시시피 강에서 미국 국적 선박의 항해를 가로막고 있는 현실이 강력한 연방정부의 부재 때문이라고 주장하기는 했다. 하지만 그것은 유럽 국가들이 처한 상황에 견주어보면 사소한 걱정거리에 지나지 않았다. 결국 18세기 말 등장한 새로운 국가 미국은 큰 고민 없이 지극히 입헌주의적인 방식으로 구성될 수 있었다. 이런 의미에서 미국의 국가 건설 방식은 앞서 살펴본 브란덴부르크-프로이센 국가 건설 방식의 대척점에 서 있다고 할 수 있다.

페리 앤더슨과 절대주의 국가의 기원

영국 출신의 역사가이자 마르크스주의 이론가인 페리 앤더슨Perry Anderson은 《절대
주의 국가의 역사Lineages of the Absolutist State》라는 잘 알려진 저서에서 서구 절대주
의 국가의 역사적 기원을 마르크스주의 국가론의 관점에서 이론화했다. 이 책에서
앤더슨은 절대주의를 봉건 계급과 부르주아 계급 사이의 힘의 균형이 가져온 결과로
보는 전통적인 마르크스주의 역사 해석을 비판하고, 변화된 경제 여건 속에서 봉건
귀족들이 경제적 특권을 계속 유지하려는 동기가 절대주의 국가를 탄생시켰다고 지
적한다. 한마디로 절대주의 국가는 "재편성되고 재충전된 봉건적 지배 기구"라는 것
인데, 이는 화폐 경제의 발전과 시장 경제의 등장으로 봉건 귀족들의 농민에 대한 통
제력이 심각하게 약화된 상황에서(앤더슨은 이를 "상품 관계의 성장으로 경제적 착
취와 정치적, 법적 강제의 근본적인 연관 관계가 해소"되었다고 설명한다) 국가가 봉
건 귀족의 "정치적 갑주"로서 그들의 이익과 특권적 지위를 유지하고 보호하는 역할
을 수행했다는 의미이다. 절대주의 국가 체제하에서 이루어진 권력의 극단적인 중앙
집중, 앤더슨의 표현을 빌리자면, "정치적, 법적 강제의 상향적 전위displacement"는 바
로 이러한 맥락에서 이해될 수 있다. 결국 그의 주장의 핵심은 경제가 정치 제도, 사
회 제도 등 그 밖의 것들을 '결정'한다는 것이지만, 앤더슨의 마르크스주의 사적 유
물론에 대한 이해는 다른 이론들에 비해 상당히 정교하고 유연한 편이다. 근대 국가
의 권력 집중에 관한 앤더슨의 설명을 이 책에 제시한 '전쟁-폭력 독점'의 관점과
대조하면서 음미해보자.

3장

근대 국가의 진화

1

19세기 유럽 근대 국가의 발전

입헌주의의 승리

각각 절대주의와 입헌주의 국가 건설의 길을 걸어간 국가들 중 최후의 승리는 후자를 선택한 국가들에 돌아갔다. 입헌주의는 모든 근대 국가들이 추구해야 할 '이상'의 위치를 차지한 반면, 절대주의는 '극복'의 대상이 되었다. 하지만 유럽에서 입헌주의가 현실화되는 데에는 상당한 시간이 필요했다. 서유럽 국가들이 입헌주의의 정당성을 인정하고 이를 온전히 수용한 것은 20세기 중반 이후의 일이고, 동유럽 국가들의 경우에는 1990년대에 들어서야 입헌주의의 전면적 수용이 이루어졌다. 유럽 이외의 지역에서는 입헌주의의 타당성에 대한 논쟁이 여전히 진행 중이다.

2장에서 살펴본 두 절대주의 국가 중 프랑스는 18세기 후반부터 절대주의의 길을 포기하고 입헌주의의 길을 모색하기 시작했

입헌주의는 모든 근대 국가들이 추구해야 할 '이상'의 위치를 차지한 반면, 절대주의는 '극복'의 대상이 되었다.

다. 1789년의 프랑스 혁명은 프랑스 정치 질서에 일대 변혁을 가져왔다. 1815년 나폴레옹 제국의 몰락 후 왕정이 복구되고 구舊왕조가 다시 권력을 잡았지만 1789년 이전의 질서로 돌아갈 수는 없었다. 제한된 범위 내에서 입헌주의적 요소가

자크 루이 다비드, 〈나폴레옹 황제 대관식〉

정치 체제에 도입되었고, 결국 약 반세기에 걸친 정치적 혼란기 끝에 1871년 제3공화국의 출범과 함께 입헌민주주의 공화국으로의 이행이 완료되었다. 하지만 앞서 토크빌을 인용하면서 언급했듯이, 권력의 중앙 집중을 통해 행정의 효율성을 극대화하고 국가의 대외적인 힘을 증대하려 한 절대주의 왕정의 역사적 유산은 쉽게 극복되지 않았다. 오히려 나폴레옹 집권기를 거치면서 프랑스의 중앙집권 체제는 더욱 강화되고 공고해졌다. 1864년 미국의 일간지 〈뉴욕 타임스〉는 한 사설에서 당시 나폴레옹 3세가 통치하던 제2제정기의 프랑스에 대해 "언론의 자유를 되찾고 인민들에게 선거권을 보장하며 법원의 독립성을 회복"해야 할 뿐만 아니라 "국민의 에너지를 마비시키는 중앙집권 체제를 부수고 뿌리 뽑아야" 한다고 비판하면서, "모든 것을 흡수해버리는 국가의 힘"이 시민을 "로봇"으로 만들고 있다고 주

장했다. 이러한 전통은 변화를 위한 여러 차례의 시도에도 불구하고 오늘날까지 계속되고 있다. 예를 들면 중앙정부 아래의 지역 단위인 '데파르망départements,' '아롱디스망arrondissements,' '코뮌communes'은 자율적인 정책 결정 단위라기보다는 중앙으로부터의 통치의 편의를 도모하기 위한 행정구역의 성격을 강하게 띠고 있다. 또한 1945년 설립된 '국립행정학교(ENA)'는 정·관계 엘리트들의 산실이 되고 있다. 이러한 국가주의 전통은 오늘날에도 프랑스 정치 체제의 가장 두드러진 특징으로 남아 있다.

독일은 절대주의의 유산을 두 차례에 걸친 세계대전이라는 재앙을 거친 후에야 비로소 청산할 수 있었다. 독일은 1871년에야 오늘날의 모습으로 통일되었다. 앞서 살펴보았듯이 통일은 브란덴부르크-프로이센의 주도 아래 진행되었고, 베를린은 통일 독일의 수도가 되었다. 브란덴부르크-프로이센은 독일의 여러 국가들 중 입헌주의와 가장 거리가 먼 축에 속했다. 서부 독일의 일부 지역에서는 프랑스 혁명의 영향을 받아 자유주의적이고 입헌주의적인 개혁에 대한 요구가 종종 터져 나오기도 했지만, 국가와 융커의 밀월 관계에 기반을 둔 지배 연합은 자신들의 세력을 안정적으로 유지할 수 있었다. 그 결과 독일은 보통선거로 선출되는 의회를 설립하기는 했지만 황제에 의해 임명되는 내각이 의회에 어떠한 정치적 책임도 지지 않고 국정을 독립적으로 운영하는 다소 기묘한 형태의 권위주의 정치 체제를 운용했다.

1918년 제1차 세계대전에서의 패망으로 입헌주의를 표방하는
정부가 들어섰지만 이 독일 역사상 최초의 민주공화국은 얼마
지나지 않아 히틀러Adolf Hitler와 '국가사회주의노동자당', 즉 나
치당의 독재 체제에 권력을 넘겨야 했다. 브란덴부르크-프로이
센의 절대주의와 나치 전체주의 사이에 직접적인 연관성이 존재
한다고 보기는 어렵다. 나치당 치하의 독일 국가는 유례를 찾아
보기 힘들 만큼 '착종된' 근대 국가였다. 하지만 브란덴부르크-
프로이센이 17~18세기에 그러했듯이 나치 독일 역시 극단적인
권력의 중앙 집중을 통해 사회 전체를 국가의 목적 추구에 종속
시키려 했다는 점에서 유사성을 찾아볼 수 있다. 두 경우 모두
지정학적 위치 때문에 받는 압력의 위중함이 중앙집권화를 더욱
부추겼다는 점도 유사하다. 결국 독일은 1945년 또 한 번의 패
배를 겪고 나서야 입헌주의의 길로 들어서게 되었으며, 그러한
이행의 상당 부분은 미국, 영국 등 승전국에 의해 인도되었다.
또 냉전이 격화되는 와중에 서독과 동독으로 분단되어 각각 미
국과 소련의 영향 아래 존재하게 된 이후로는 대내 정책과 대외
정책의 자율성을 제약당하는 '준準주권 국가'의 지위를 감수해
야 했다.

입헌주의로의 수렴이 다양한 경로로 이루어지는 한편, 19세기에 접어
들면서 서구 근대 국가의 성격은 그 이전과 사뭇 다른 양상을 보이기
시작했다. 가장 큰 변화는 폭력의 비중이 줄어들었다는 것이다.

국가의 역할 변화와 폭력의 감소

입헌주의로의 수렴이 다양한 경로로 이루어지는 한편, 19세기에
접어들면서 서구 근대 국가의 성격은 그 이전과 사뭇 다른 양상
을 보이기 시작했다. 가장 큰 변화는 폭력의 비중이 줄어들었다
는 것이다. 이는 크게 세 가지 측면에서 설명될 수 있다.

첫째, 국내적으로 정부의 '행정력'이 크게 증가해 폭력을 사용
하지 않고도 시민들을 보다 효과적으로 통제할 수 있게 되었다.
영국의 사회학자 기든스Anthony Giddens의 표현을 빌리면 국가 권
력은 이제 시민의 일상에 '침투'해 그들의 행동과 삶을 조직하는
기술을 체득하게 되었고, 그 결과 시민을 통제하기 위한 적나라
한 폭력의 사용이 최소화되는 "대내적인 평정"이 이루어졌다. 프
랑스의 철학자 푸코Michel Foucault는 《감시와 처벌》에서 국가의 이
러한 권력 행사 방식을 "규율 권력" 혹은 "정상화 권력"으로 정
의하고, 감옥과 공장, 병원과 학교 등지에서 이러한 권력이 행사
되는 방식을 구체적으로 분석하기도 했다. 푸코는 책의 첫머리
에서 1757년 파리에서 있었던 (실제로는 미수에 그친) 국왕 살해
범의 잔혹한 처형 방식을 자세하게 묘사했는데, 이는 규율 권력
이 등장하기 이전에 국가 권력의 행사가 주로 시민들을 위압하
고 두려움을 느끼게 함으로써 시민들을 순응하게 하는 방식으로
이루어졌다는 사실을 보여준다. 그러나 근대에 들어 등장한 규

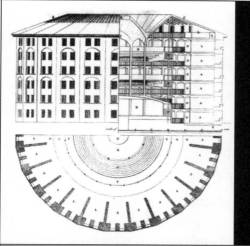

제러미 벤담이 구상한 원형 감옥 파놉티콘의 설계도

국가 권력은 시민의 일상에 침투해 그들의 행동과 삶을 조직하는 기술을 체득하게 되었고, 그 결과 시민을 통제하기 위한 적나라한 폭력의 사용이 최소화되는 '대내적인 평정'이 이루어졌다. 푸코는 국가의 이러한 권력 행사 방식을 "규율 권력" 혹은 "정상화 권력"으로 정의하고, 감옥과 공장, 병원과 학교 등지에서 이러한 권력이 행사되는 방식을 구체적으로 분석했다. 규율 권력은 범죄를 저지른 이를 끊임없이 감시하고 분석하고 검사하고 평가해 그를 '정상적'인 인간으로 만드는 것을 목표로 한다.

율 권력은 범죄를 저지른 이를 끊임없이 감시하고 분석하고 검
사하고 평가해 그를 '정상적'인 인간으로 만드는 것을 목표로
한다. 따라서 푸코의 표현을 빌리면 규율 권력하에서 범죄자는
이전에 비해 "덜 처벌되지만 사실상 더 잘 처벌"될 수 있게 되었
다. 이러한 권력은 가히 '지식 권력'이라 할 만한데 무엇이 정상
인지, 어떤 인간을 정상적인 인간이라 할 수 있는지의 기준을 세
우고, 그 기준에 맞춰 죄수를 판단하여 통제하는 것은 지식과 권
력이 결합될 때에만 가능하기 때문이다. 다시 한번 푸코를 인용
하자면, 우리는 "앎으로써 통제할 수 있고, 통제함으로써 알 수
있다".

그러나 행정 권력을 보다 효율적으로 행사하게 되었다고 해서
서구 근대 국가가 자국민과의 관계에서 일체의 폭력 사용을 자
제하게 된 것은 아니다. 19세기는 '혁명의 세기'로 불릴 만큼 정
치적 격변이 빈번하게 발생한 시기였고, 시민 봉기를 진압하기
위해 국가는 무자비하게 폭력을 행사했다. 1871년 패전과 제정
의 몰락으로 인한 정치적 혼란기에 발생한 대규모 반정부 저항
운동인 파리 코뮌Commune de Paris(1871년 3월 18일~1871년 5월 28
일) 봉기를 진압하기 위해 투입된 정부군은 '피의 일주일'로 알
려진 며칠 동안 적게는 1만 명, 많게는 5만 명의 시민을 살상했
다. 하지만 이처럼 예외적인 경우를 제외하고는 국내의 사안을
해결하기 위해 군대가 동원되는 일은 매우 드물어졌고, 치안을

파리 코뮌 당시 바리
케이드를 치는 시민
들의 모습

전담하는 경찰과 국방을 담당하는 군의 역할 분담이 더욱 확고
해졌다.

　근대 국가에서 폭력이 차지하는 비중이 감소한 두 번째 이유
는 대외적인 차원에서 19세기 동안 전쟁의 빈도가 급격히 줄어
들었다는 사실과 관련이 있다. 물론 이 기간에 전쟁이 전혀 일어
나지 않았다는 의미는 아니다. 1850년대의 크림 전쟁을 비롯해
이탈리아와 독일의 통일 과정에서 크고 작은 전쟁이 발발했고,
또 1860년대의 미국 남북 전쟁 역시 형식상으로는 내전이었지만
그 규모와 여파 면에서 국가들 사이의 여느 국제 전쟁 못지않았
다. 하지만 폴라니Karl Polanyi의 저서 《거대한 전환》에서도 확인할
수 있듯이 나폴레옹 전쟁이 종료된 1815년부터 제1차 세계대전
이 발발한 1914년 전까지 유럽은 그 이전 세기에 비해 국제정치

적으로 매우 평화로운 시기를 보냈다. 폴라니는 이를 "백 년간의 평화"라고 불렀다. 무엇이 이와 같이 '비교적' 평화로운 시기를 가능하게 했는가?

먼저 나폴레옹 전쟁 이후 영국, 러시아, 오스트리아, 프로이센, 프랑스의 5대 강국 간에 유럽의 국제정치 질서를 안정적으로 유지하기 위해 긴밀하게 협력한다는 합의가 이루어졌고 실제로 실행에 옮겨졌다. '유럽협조체제Concert of Europe'로 알려진 이 새로운 협력 체제는 일부 학자들에 따르면 유럽의 국제정치 질서를 질적으로 변화시키는 데 성공했다. 전쟁의 빈도가 눈에 띄게 감소했을 뿐만 아니라 국제정치를 '세력 균형balance of power'이라는 자동 조절 메커니즘에 맡기면서도 국가들 간의 관계를 적극적으로 관리해야 할 필요성에 대한 공감대가 형성되었다. 물론 유럽협조체제는 어디까지나 대내외적으로 '현상 유지'를 가장 중요한 목표로 삼은 매우 보수적인 체제였다. 또 강대국의 이익을 위해 약소국의 이익은 언제든지 희생될 수 있다는 주장을 거리낌 없이 내세우기도 했다. 이와 함께 협조체제의 궁극적인 성취가 '국가들 간 협력의 제도화'에 있는지 아니면 '세력 균형의 제도화'에 있는지에 관해서도 견해가 엇갈리고 있다. 하지만 그 성격에 대한 최종 판단과는 별도로 유럽협조체제가 적어도 1854년 크림 전쟁이 발발하기 이전까지 유럽에서 평화가 유지되는 데 핵심적인 역할을 담당했다는 데에는 의심의 여지가 없다.

협조체제가 크림 전쟁의 발발로 사실상 붕괴된 19세기 중엽 이후 유럽의 평화를 가져오는 데 가장 크게 기여한 이는 독일의 통일을 주도한 비스마르크Otto von Bismarck(1815~1898)이다. 프로이센의 융커 가문 출신인 비스마르크는 신생 국가인 독일제국이 대내적으로 그 힘을 공고하게 하기 위해서는 독일을 둘러싼 국제정치 질서가 안정적으로 유지되어야 한다는 전제하에 독일에 적대적인 프랑스를 고립시키는 구도의 동맹 체제를 건설하는 데

비스마르크

성공했다. 물론 이는 독일은 더 이상의 대외 팽창을 원하지 않으며, 특히 해외 식민지를 획득하는 데 관심이 없다는 사실을 다른 강대국들에게 확실히 인식시키는 데 성공했기 때문에 가능한 것이었다. 그 궁극적인 성공의 비결이 무엇이든 비스마르크의 현실주의적 동맹 정책이 19세기 후반 유럽의 국제 정세를 안정적으로 유지시킨 결정적 요인이었다는 것은 분명하다. 1914년에 일어난 제1차 세계대전은 비스마르크가 일선에서 물러난 1890년 이후 그가 공들여 건설한 동맹 체제가 붕괴된 데서 최초의 원인을 찾을 수 있다.

19세기에 유럽에서 전쟁의 빈도가 눈에 띄게 줄어든 또 하나의 이유는 이 시기 유럽 국가들이 비유럽 지역으로 활발하게 팽창했다는 사실에서 찾을 수 있다. 이 시기 유럽의 여러 국가들은 영국과 프랑스, 러시아를 필두로 하여 아시아와 아프리카의 여러 지역을 식민화하거나 (중국 등의 경우에는) 반半식민화하는 데 성공

했다. 식민화의 대상이 된 아시아와 아프리카의 여러 국가들과 그 국민들의 입장에서는 매우 고통스러운 경험이었으나, 유럽 국가들의 입장에서는 그들 사이의 잠재적인 갈등을 외부로 투사하는 결과를 가져왔다. 즉, 비유럽인들이 주된 폭력의 대상이 되면서 유럽 내에서 폭력이 사용되는 강도와 빈도는 감소한 것이다.

　19세기 유럽의 근대 국가에서 폭력의 비중이 감소한 세 번째 이유는 국가의 역할이 갈수록 다양해짐에 따라 폭력을 담당하는 부문의 비중이 '상대적으로' 축소되었다는 사실에서 찾을 수 있다. 이 책의 첫머리에서 밝혔듯이 근대 국가는 중앙 집중화된 권력을 행사함으로써 대내적으로는 사회 질서를 안정적으로 유지하고, 대외적으로는 타 국가들과 경쟁하면서 이들로부터 배타적인 독립성을 주장하는 조직 내지는 제도이다. 폭력의 독점은 이와 같이 정의되는 근대 국가의 가장 중요한 근간이다. 즉, 대내적으로는 사회의 평화와 안정, 대외적으로는 생존과 독립성을 위해 폭력을 독점하고자 하는 조직이 바로 근대 국가인 것이다. 하지만 19세기부터 유럽의 근대 국가는 이러한 두 가지 목적 이외의 목적을 달성하기 위한 활동의 비중을 점차 늘리기 시작했다. 물론 그 이전에 국가가 오로지 치안과 국방, 두 분야에만 전념했다는 의미는 아니다. 하지만 이 두 부분이 차지하는 비중이 다른 부분의 비중에 비해 확실히 압도적이었고, 19세기에 들어 이러한 역할 배분에 의미심장한 변화가 일어나기 시작한 것이

19세기 들어 시민의 삶을 조직하는 행정력이 발전하고, 전쟁 빈도가 줄어들었으며, 국방과 치안 이외 분야에서의 역할이 늘어남에 따라 근대 국가에서 폭력이 차지하는 비중이 감소했다.

다. 다른 무엇보다 경제 문제와 사회 문제에 관여하는 빈도와 강도를 점차 늘려나갔다.

복지 국가의 태동

산업화의 진전과 함께 빈곤 문제와 노동 문제 등 이른바 '사회 문제'의 심각성이 드러나면서 이러한 변화가 초래되었다. 주지하다시피 19세기에 유럽의 여러 나라에서 산업 자본주의가 뿌리를 내렸다. 영국은 이미 18세기 중엽부터 본격적인 산업화의 길에 들어섰고, 19세기 전반에는 벨기에와 프랑스 등이, 후반에는 이탈리아, 독일 등이 산업화에 시동을 걸었다. 산업화로 인해 유럽 근대 국가의 경제력은 비약적으로 증가했다. 유럽 국가들이 전 세계를 식민화할 수 있었던 것도, 또 이전에는 상상조차 할 수 없었던 많은 인력과 재원을 동원해 양차 세계대전을 치를 수 있었던 것도 이들이 19세기 산업화 과정에서 엄청난 부를 축적했기 때문이다. 하지만 산업화는 사회적 병폐를 불러왔다. 많은 농촌 인구가 공장에서의 일자리를 찾아 도시로 이주하면서 도시 인구는 폭발적으로 증가했고, 그 결과 도시의 위생은 점점 더 악화되었다. 노동자에 대한 인권 유린도 심각한 수준이었는데, 노동자들은 장시간의 노동과 공장주의 지나친 감시, 감독으로 인해 큰 고통을 받았다. 또 아동 노동이 성행해서 7~9세의 아동이

영국의 아동 노동자들

공장이나 탄광에 고용되는 일이 흔하게 일어났다. 보다 근본적으로는 산업화의 혜택을 독점한 자본가 계급과 최소한의 임금으로 근근이 연명하는 일반 노동자들 사이의 빈부 격차가 계속 커져갔다.

가장 먼저 산업화에 착수했고, 따라서 이러한 사회 문제를 해결해야 할 필요성에 가장 먼저 직면한 나라가 바로 영국이었다. 하지만 영국 정부는 '자유방임'의 태도로 일관했다. 국가가 섣불리 경제에 개입하는 것이 부정적 영향을 가져올 수 있고, 또 빈곤의 문제 역시 기본적으로 개인의 책임이지 정부가 관여할 사안이 아니라는 이유에서였다.

그러나 사회 문제의 심각성이 더 이상 묵과할 수 없는 지경에 이르고, 노동자들과 일부 개혁적 지식인들이 힘을 합쳐 자본가들과 국가에 조직적으로 저항할 태세를 보이자 정부는 태도를 바꾸지 않을 수 없었다. 영국 정부는 19세기 초부터 일련의 '공장법factory act'을 제정하기 시작했는데, 1802년 공장법의 내용을 살펴보면 9세부터 13세까지의 아동은 일일 최대 8시간 이상 일할 수 없게 하고 14세에서 18세까지의 청소년은 12시간 이상 노동하는 것이 금지되었다. 9세 이하 아동의 노동은 전면 금지되었다. 이외에도 모든 공장은 환기를 잘 해야 하고, 적어도 일 년에 두 번씩 산화칼슘으로 청소해야 한다는 규정도 추가되었다. 이러한 공장법이 19세기 내내 여러 차례에 걸쳐 계속 제정되었는데, 1878년의 공장법에 따르면 10세 이하 아동의 노동이 전면 금지되고, 10세에서 14세의 아동은 성인 노동자의 절반 수준으로 일하게 하며, 여성의 주당 최대 노동 시간은 56시간으로 제한되어야 한다고 규정되는 등 70여 년 전의 공장법에 비해 '약간' 개선되었음을 알 수 있다.

영국의 공장법은 당시로서는 사회 문제에 관한 가장 선진적인 조치였고, 유럽 다른 국가들은 이를 모방하여 유사한 입법을 추진했다. 하지만 오늘날의 시각에서 볼 때 19세기 영국의 공장법은 사회 문제의 존재를 인정하고 이를 시정하기 위한 최소한의 노력에 불과하다. 즉 기본적으로는 사회 문제에 대한 '소극적'인 해결책이다. 반면 1880년대에 비스마르크가 주도하여 제정된 독일의 사회입법은 오늘날의 '사회보장 제도', '복지 국가'를 예견케 한다는 점에서 영국의 공장법을 뛰어넘는 혁신적인 조치였다.

독일은 1882년과 1884년, 그리고 1889년에 노동자들의 질병과 재해, 노년과 장애에 대비한 보험 가입을 의무화하는 법안을 제정했다. 이는 당시로서는 획기적인 법안으로, 즉각 다수 유럽 국가들의 관심의 대상이 되었다. 영국에서도 이 법안에 대한 관심이 무척 높았는데, 이에 우호적인 이들은 "비스마르크는 사회 악의 근원이 어디에 있는지를 분명하게 인식하고 있으며, 사회적 약자의 복지는 국가의 의무라고 선언하는 데 성공했다"고 평가하기도 했다.

역설적인 것은 법 제정을 주도한 비스마르크 자신이 그러한 인식을 공유하고 있었는지 불투명하다는 점이다. 사실 비스마르크는 노동자들의 국가에 대한 의존을 심화함으로써 독일에서 사회주의 세력의 성장을 차단하겠다는 지극히 현실적이고 전략적인 동기에서 법안을 추진했다고 보는 것이 옳다. 보다 근본적인 차원에서는 국가의 사회 부문에 대한 개입과 간섭을 당연시하고 긍정하는 17~18세기 독일 절대주의의 전통이 산업 자본주의 시대의 현실에 맞게 변형된 결과라는 해석도 가능하다. 하지만 비스마르크의 사회보장 입법이 유럽 여러 나라들로부터 그토록 호의적인 반응을 이끌어냈다는 사실 자체는 당시 사회 문제에 대한 인식에 변화가 일어나기 시작했다는 방증으로 볼 수 있다. 즉 유럽 국가들이 빈곤과 실업 등의 문제가 더 이상 개인의 책임이 아닌 사회의 책임이며 공장법 수준의 소극적인 입법 조치와 '자선'에만 의지해서는 해결될 수 없다는 점을 받아들이기 시작한 것이다. 1911년 영국이 유럽 국가들 중에서 가장 먼저 실업보험을 의무화하는 법안을 제정했다는 사실은 그러한 인식 변화의 폭과 깊이를 잘 보여준다. 19세기 말과 20세기 초 서구 근대 국가들은 이처럼 1945년 이후에 본격화되는 복지 국가 건설의 길에 조심스럽게 첫걸음을 내딛었다.

20세기 근대 국가

세계대전의 발발과 그 여파

시민의 삶을 조직하는 행정력의 발전으로 인해, 전쟁 빈도의 감소로 인해, 또 국방과 치안 이외 분야에서의 역할 증대로 인해 근대 국가에서 폭력이 차지하는 비중이 상대적으로 줄어든 19세기의 추세는 20세기에 접어들면서 갑작스럽게 중단되었다. 이는 20세기 전반에 두 차례에 걸쳐 역사상 유례가 없을 정도로 엄청난 규모의 대전쟁, '세계대전'이 일어났기 때문이다. 세계대전을 거치면서 서구 근대 국가의 성격과 역할에는 다시 한번 큰 변화가 일어났다. 그러한 변화의 일차적 원인은 바로 1914년과 1939년에 발발한 전쟁이 이전의 어떤 전쟁에 비해서도 더 많은 인원과 재원을 필요로 했고, 또 많은 인명 피해와 사회적 피해를 낳았다는 데 있다.

단적인 예로 1916년 7월 1일부터 11월 18일까지 약 4개월간 계속된 '솜Somme 전투'의 경우 프랑스와 영국 연합군의 사상자 수는 62만 명, 독일군의 사상자 수는 45만 명에서 60만 명을 헤아렸다. 단일 전투에서 100만 명 이상의 사상자가 발생한 것이다. 독일군에 대한 공격을 주도한 부대 중 하나였던 영국군 제4사단 1만 2,000명 병사 중 무려 5,121명이 전투 첫날 전사하거나 부상을 당했다. '백 년간의 평화' 동안 벌어진 전쟁 중 가장 큰 규모였던 크림 전쟁의 전사자 수가 전쟁 기간인 약 2년 반 동안 양측을 모두 합해서 45만~52만 명 정도였는데, 이 중 태반이 직접적인 전투 행위가 아닌 전염병 등으로 사망했고, 1년 남짓 계속된 프랑스-프러시아 전쟁의 사상자 수가 프랑스 측 28만여 명, 독일 측 13만 4,000여 명이었다.

솜 전투의 사례를 통해 우리는 이 정도 규모의 전투를 감당하기 위해 참전국들이 얼마나 많은 병력과 무기와 그 밖의 각종 군수품을 동원해야 했을지, 또 이러한 인력과 자원을 동원하기 위해 참전국 국민들이 얼마나 큰 희생을 치러야 했을지, 제1차 세계대전의 규모가 어느 정도였을지 대략 짐작할 수 있다. 참전국들은 그야말로 수백만 명을 대상으로 식량과 장비와 군수품을 보급하고 훈련하고 치료하고 매장해야 했다. 그리고 이러한 대사업을 수행하기 위해 각 참전국은 경제, 산업, 정치, 사회를 '재조직'해야 했다. 그 결과 세계대전을 거치면서 서구의 근대 국가는 현저하게 '개입주의적' 입장을 취하게 되었다. 예를 들면, 위에

솜 전투 당시 최초로 투입된 탱크

솜 전투의 사례를 통해 참전국들이 얼마나 많은 병력과 무기와 군수품을 동원해야 했을지, 그 인력과 자원을 동원하기 위해 참전국 국민들이 얼마나 큰 희생을 치러야 했을지, 제1차 세계대전의 규모가 어느 정도였을지 대략 짐작할 수 있다. 참전국들은 수백만 명을 대상으로 식량과 장비와 군수품을 보급하고 훈련하고 치료하고 매장해야 했다. 그리고 경제, 산업, 정치, 사회를 재조직해야 했다. 그 결과 세계대전을 거치면서 서구의 근대 국가는 '개입주의적' 입장을 취하게 되었다.

유례없는 대규모 전쟁은 '총력전'이라는 새로운 개념을 낳았고, 20세기의 전반부는 인류 역사에서 보기 드문 '폭력의 세기'로 기억되었다.

서 언급한 솜 전투가 지속되는 동안 사용된 포탄은 300만 발이 넘는 것으로 추정된다. 이 300만 발의 포탄을 제시간에 공급하기 위해 각국 정부는 일정한 생산 능력을 갖춘 기업들에게 포탄 생산에 집중하도록 독려하고 때로는 강제력을 동원해야 했다. 그에 필요한 물자가 최우선적으로 공급되도록 자원의 수급 과정에 개입해야 했으며, 또 해당 공장에서 일하는 노동자들이 처우와 보수 등에 불만을 품지 않고 생산에 전념할 수 있도록 노동조합 및 기업과 협상해야 했고, 노동력이 부족할 경우 대체 인력으로 여성의 경제 활동 참여를 권장해야 했다. 이 같은 적극적 개입 정책을 추진한 결과 이들 국가에서 '계획경제'로 불릴 만한 현상이 나타나게 되었다. 19세기의 기준으로 보면 양차 세계대전 이후 유럽 국가들은 마치 사회주의 국가에 근접한 모습이었다.

결국 유례없는 대규모 전쟁은 '총력전'이라는 새로운 개념을 낳았고, 20세기의 전반부는 인류 역사에서 보기 드문 '폭력의 세기'로 기억되게 되었다. 하지만 이러한 대규모 폭력의 경험이 19세기 이래 폭력의 감소 추세를 완전하게 역전시킨 것은 아니었다. 세계대전으로 중단된 듯했던 그 추세가 어떤 의미에서는 세계대전으로 오히려 가속화된 것이다. 이는 한편으로 전쟁 기간에 한껏 고조된 개입주의와 계획경제의 관행이 전후에도 포기되지 않고 계속되었기 때문이고, 다른 한편으로는 전쟁을 겪는 동안 큰 희생을 감수해야 했던 국민들의 복지 수요가 크게 증가했기 때문이다. 특히 제2차 세계대전 이후 유럽 각국은 정도의 차이는 있지만 국가의 적극적 역할이 전후 복구와 경제 재건에 필수적이라는 전제하에 전시 체제의 특징을 대폭 반영한 경제 정책을 추진했다. 예를 들면, 정부가 기업과 노동자 사이의 관계를 중재하고 매개하던 전시의 관행이 전후에 일부 유럽 국가들에서 확대되고 제도화되어 삼자 간 협상을 통해 임금 수준과 적정 이윤율을 결정하는 관행으로 발전했다. 또 국가가 장기적인 경제 발전에 핵심적인 산업 부문을 선정하여 금융 지원을 집중하고 각종 혜택을 제공하는 전략 역시 전시의 관행이 변형된 결과라고 볼 수 있다.

베버리지

또한 세계대전은 전후에 본격적인 복지 국가의 등장을 촉발했는데, 이는 가장 보수적인 정치인들조차도 전쟁 때문에 직간접적으로 피해를 입은 국민들에게 일정한 보상을 하는 것이 필요하다는 데 동의했기 때문이다. 가장 대표적으로 영국은 1942년 전쟁의 와중에 '베버리지 보고서Beveridge Report'를 발표해 빈곤, 실업, 질병 등의 사회악을 제거하기 위해 정부가 국민들에게 '요람에서 무덤까지' 광범위한 사회보장을 제공할 것을 천명했다.

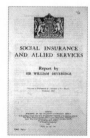

베버리지 보고서

경제 국가의 부상

전쟁의 여파와는 별도로 20세기 들어 국가의 경제적 역할이 크게 증가했고, 그 결과 국가에서 폭력 행사 이외의 역할이 차지하는 비중 역시 크게 늘어났다. 여기에는 몇 가지 이유가 있다. 먼저 19세기의 상황과 비교하여 경제와 산업이 작동하는 방식이 20세기 들어 크게 변화했다. 예를 들면, 산업화 초기에는 각 공장들이 자체적으로 증기기관을 작동시켜 동력원으로 삼았다. 하지만 20세기 들어 전기가 가장 중요한 동력원이 됨에 따라 발전소, 변전소, 송전 시설 등의 인프라가 필요하게 되었는데, 이를 위해 많은 자본을 투입하여 세우고 유지하는 것은 오직 국가의 능력 범위 내에 있는 일이었다. 또 경제가 발전할수록 지식 · 기술 집약적인 고부가가치 상품 생산이 전체 경제에서 차지하는 비중이 높아지게 마련이고, 이를 위해서는 숙련된 기술자를 양성하고 연구 개발을 진행할 학교, 대학, 연구 기관 등이 필요하게 된다. 국가의 존재는 이러한 교육 및 연구 기관들을 관리하고 운영하는 데 있어서도 필수적이다.

이에 더해 많은 국가들에서 소수의 거대 기업이 시장을 독과점적으로 장악하고, 이들 기업의 흥망성쇠에 따라 국가 경제 전체의 운명이 결정되는 상황이 일반화되었다. 이에 국가는 독과점 기업들과 이중의 관계를 맺었는데, 기업들이 독과점적 지위를 이용하여 과도한 이익을 취하거나 '반사회적'인 행동을 하지 못하도록 규제 조치를 취하고, 다른 한편으로는 이들 기업이 국가의 실업률이나 전반적인 생활 수준에 미치는 영향을 고려하여 각종 지원과 혜택을 제공했다. 한국에서 국가와 대기업이 역사적으로 맺어온 관계를 상기해보면 이러한 이중적 관계의 양상을 보다 분명하게 이해할 수 있을 것이다.

　유럽과 미국에서 국가의 경제적 역할이 증가하게 된 보다 결정적인 계기는 이른바 '케인스 혁명'과 이에 따른 경제 정책의 발상 전환이었다. 1929년 미국에서 시작되어 다른 지역으로 확산된 '대공황'은 자본주의 경제의 미래에 어두운 그림자를 드리웠다. 1936년 영국의 경제학자 케인스John Maynard Keynes(1883~1946)는 《고용, 이자 및 화폐의 일반이론》에서 실업 문제를 해결하고 완전 고용을 이루고자 한다면 소비, 투자 등 유효 수요를 진작해야 하고, 이를 위해 정부의 공공 지출이 보완적인 역할을 해야 한다고 주장함으로써 큰 반향을 불러일으켰다. 특히 미국의 루스벨트Franklin Roosevelt 대통령이 주도한 경제 회복 정책이 거둔 성과에서 케인스의 주장의 타당성이 확인된 것으로 간주되기 시작한 이래 국가 정책이 경제 전체에 미치는 영향에 대한 일반의 인식 역시 바뀌기 시작했다. 점점 더 많은 사람들이 케인스를 따라 시장에서 국가의 역할을 확대하는 것에 호의적인 태도를 취했다.

케인스

대공황 시기의 실직
자들

케인스 경제학은 또한 제2차 세계대전 이후 본격
화된 복지 국가의 강화 추세에도 잘 부합했다. 복지
혜택의 확대야말로 케인스주의의 핵심 목표에 가장
근접한 정책이기 때문이다. 이제 케인스주의와 복지
국가는 동전의 양면처럼 여겨졌고, 영국의 정치학자
제솝Bob Jessop에 따르면 이 '케인스주의 복지 국가'는
"시장이 기대한 만큼의 경제 성장을 이루는 데 실패
하거나 지역 간 균형 발전, 완전 고용, 낮은 인플레이
션, 무역수지의 지속적인 균형, 부와 수입의 사회적으로 정당한
분배 등을 달성하는 데 실패할 경우 이를 시정하고 모든 시민이
번영을 누릴 수 있도록 돕는" 임무를 떠맡았다. 1950년대와
1960년대에 특히 유럽의 여러 국가들이 역사상 유례없는 고도성
장을 이룬 것은 이 케인스주의 복지 국가가 거둔 가장 두드러진
성과라고 할 수 있다. 케인스주의 복지 국가는 또한 서유럽과 미
국에서 엄청난 국가 재정 팽창의 주된 원인을 제공했다. 예를 들
면 1950년에서 1973년 사이에 국민총생산GNP에서 국가의 공공
지출이 차지하는 비중은 프랑스의 경우 27.6퍼센트에서 38.8퍼
센트로, 독일 30.4퍼센트에서 42.0퍼센트로, 영국 26.8퍼센트에
서 45.0퍼센트로, 그리고 미국의 경우 23퍼센트에서 35.8퍼센트
로 증가했다. 1958년 영국의 한 역사가는 만약 정부의 팽창이 당
시의 속도로 지속될 경우 2195년이 되면 영국의 모든 남녀노소

대공황 이후 루스벨트의 뉴딜 정책으로 시행된 예술 공동체WPA의 건설 노동 활동

케인스주의 복지 국가는 시장이 기대한 만큼의 경제 성장을 이루는 데 실패하거나 지역 간 균형 발전, 완전 고용, 낮은 인플레이션, 무역수지의 지속적인 균형, 부와 수입의 정당한 분배 등을 달성하는 데 실패할 경우 이를 시정하고 모든 시민이 번영을 누릴 수 있도록 돕는 임무를 떠맡았다.

가 '공공 부문'에서 일하게 될 것이라고 예측하기도 했다.

제2차 세계대전 이후 국가의 경제적 역할이 확대되는 현상은 '개발 국가'의 성공 사례에서도 다시 확인된다. 개발 국가는 주로 일본, 한국, 대만, 싱가포르 등 동아시아 국가들이 국가 주도 하에 급속한 경제 성장을 이룬 사실을 설명하기 위해 고안된 개념이다. 사실 국가와 경제의 관계에 의미 있는 변화가 일어난 이후의 서구 국가들도 어느 정도까지는 모두 개발 국가로 분류될 수 있다. 좀 더 시간적 범위를 확대할 경우 17~18세기 서구 절대왕정의 '중상주의' 역시 일종의 개발 국가 정책으로 간주할 수 있다. 하지만 이들 동아시아 국가들은 단시일 내에 높은 경제 성장을 이루기 위해 직접적이고 노골적인 방식으로 시장과 산업 부문에 개입했다는 점에서 서구 국가들의 경우보다 훨씬 '급진적'이었다. 동아시아 국가들이 그처럼 과격하게 행동할 수 있었던 것은 이들 국가에서 정부가 민간 경제 주체들과 사회 부문에 대해 압도적인 우위에 있었기 때문에 가능했다. 일부 국가의 경우 권위주의적 정부가 민주적 절차를 무시하고 가용한 모든 자원을 일부 산업에 집중함으로써 상당수 국민들의 희생을 강요하기도 했다.

학자들은 이러한 동아시아식 개발 국가의 성공 사례로 일본 '통상산업성'(후에 '경제산업성'으로 대체됨)의 역할과 성과에 특히 주목했다. 한국의 사례도 대표적인 국가 주도 경제 발전의 사

세계은행

제2차 세계대전 이후 개발 국가의 경제 부흥 지원을
위해 설립된 국제 은행. 주로 장기 자금을 제공해준다.
'국제부흥개발은행'이라고도 한다.

제1차 경제개발 5개
년계획 기념 특별 우
표. 제1차 경제개발 5
개년계획은 정부 주
도하에 산업의 근대
화를 통한 공업화, 자
연 자원과 인적 자원
의 합리적 결합을 통
한 생산력 극대화와
자본 공급 확보, 국군
장비의 현대화를 통
한 국방력 강화 등의
내용을 포함했다

례 중 하나로 꼽히는데, 1960~1970년대 경제기획원과 상공부
가 주도하여 '경제개발 5개년계획'으로 대표되는 강력한 경제
발전 촉진 정책을 추진한 결과 급속한 경제 발전이 이루어졌다.
개발 국가는 수입품에 대한 관세·비관세 장벽을 통한 자국 산
업의 보호, 전략적으로 중요한 산업 부문에 대해 자본 투자를 촉
진하기 위한 세금 감면 및 금융상의 혜택 제공, 정부 물품의 자
국산 구입 등의 다양한 수단을 동원하여 급속한 경제 성장을 도
모했다.

　20세기 국가가 담당한 경제적 역할은 지금까지 살펴본 것에
국한되지 않는다. 경제학의 시각에서 국가의 경제적 역할에 대
한 포괄적인 이해를 시도한 세계은행World Bank의 〈세계개발보고
서World Development Report〉(1997)에 따르면 국가는 경제의 원활한

근대 국가는 폭력에 기초한 강제력에 근거해 다른 행위자들에 대해 자신의 의지를 일방적으로 관철하거나 필요한 경우 게임의 법칙 자체를 변경할 수 있는 능력을 지니고 있다. 국가는 사회 내의 다른 행위자들과는 전혀 다른 힘의 근거를 갖는 것이다.

국가의 기능

	시장 실패의 시정			공평성의 증대
최소 기능	공공재의 공급 : 국방, 법과 질서의 유지, 소유권 보호, 거시경제 관리, 공중보건			빈곤층 보호 : 빈곤층 구제 프로그램, 재난 구호
중간 기능	외부 효과 시정 : 기본적인 교육 기회 제공, 환경 보호	독점 규제 : 공익사업 규제, 반독점 정책	불완전한 정보의 극복 : 보험(건강, 생명, 연금), 금융 규제, 소비자 보호	사회보장의 제공 : 재분배 연금, 가족수당, 실업보험
적극적 기능	민간 활동의 조율 : 시장 부양, 클러스터 이니셔티브cluster initiatives			재분배 : 자산 재분배

출처 : 세계은행, 〈세계개발보고서〉(1997)

작동을 위해서 위의 표에 나타난 것과 같이 다양한 기능을 수행한다.

지난 세기에 자본주의의 재생산에서 국가의 역할을 강조하는 마르크스주의 국가론이 많은 관심을 받은 것은 국가의 전반적인 활동 가운데 경제적 역할이 차지하는 비중이 계속 증가해온 이 같은 상황이 반영된 결과라고 할 수 있다. 이와 함께 근대 국가의 가장 중요한 특징이 폭력의 독점과 행사에 있다는 1장에서의 근대 국가 정의가 낯설고 새삼스럽게 느껴지는 것은 그만큼 경제 부문을 비롯한 여러 영역에서 국가의 역할이 확대되고 다양해졌기 때문일 것이다. 하지만 다른 한편으로 근대 국가는 폭력에 기초한 강제력에 근거해 다른 행위자들에 대해 자신의 의지를 일방적으로 관철하거나 필요한 경우 게임의 법칙 자체를 변경할 수 있는 능력을 지니고 있음을 기억할 필요가 있다. 국가는 사회 내의 다른 행위자들과는 전혀 다른 힘의 근거를 갖는다. 근대 국가의 이러한 본질을 염두에 두고 국가의 역할 증대와 다양화를 이해해야 한다.

제3세계의 근대 국가 건설

마지막으로, 20세기 들어, 특히 제2차 세계대전이 끝난 후, 전 세계적으로 국가의 수가 크게 증가했다는 사실을 언급할 필요가 있다. 단적인 예로 1945년 설립 당시에 49개국이었던 국제연합(유엔) 회원국 수가 지금은 192개국에 달한다. 이는 영국과 프랑스의 식민지였던 아시아와 아프리카의 여러 국가들이 독립을 쟁취하는 데 성공했기 때문이다. 이 탈식민화 과정은 여러 가지 방식으로 진행되었다. 인도, 남아프리카 공화국 등 영국의 식민지들은 비교적 순조롭게 독립을 쟁취한 반면, 인도차이나와 알제리 등 프랑스의 식민지들은 독립 전쟁을 거친 후에야 탈식민화에 성공했다. 네덜란드의 식민지였던 인도네시아 역시 무장 투쟁을 거친 이후에 독립할 수 있었다.

이 신생국들은 과거의 식민 모국의 예를 좇아 근대 국가 건설에 착수했다. 신생국들에게 근대 국가 모델은 서구 열강이 자신들을 식민화할 수 있었던 매우 중요한 요인으로 여겨졌다. 과거의 불행한 역사를 되풀이하지 않기 위해서는 '근대 국가'가 되어야 했다. 하지만 이 신생국들이 근대 국가 건설의 지난한 과업에 모두 성공한 것은 아니다. 상당수 국가는 자국 영토 내에서 폭력을 독점하는 데에도 큰 어려움을 겪었다. 이러한 문제는 특히 사하라 사막 이남의 아프리카 국가들의 경우에 심각했다. 나이지리아의 비아프라, 콩고 공화국의 카탕가 같은 지역은 수년 동안 사실상의 준독립 국가로 존재하면서 중앙정부의 통제 시도에 강력하게 저항했다. 중앙정부가 힘든 과정을 거쳐 폭력의 독점에 성공한 나라들에서도 언어, 종교, 인종 등의 차이로 인해 심각한 정치 분열 상태가 지속되어 국가 기구가 정상적으로 작동할 수 없었다. 또 이 국가들은 경제 상황도 매우 어려워 정부가 외부의 도움 없이 자체적으로 국가 운용에 필요한 재원을 확보할 수도 없었다.

혹자는 이처럼 외관상으로만 근대 국가의 모습을 취하고 있을 뿐 실질적으로는 정상적인 국가의 역할을 수행할 능력을 결여한 국가를 '소프트 국가soft state' 혹은 '법률 국가juridical state'라고 부르기도 한다. 이러한 현상이 만연하게 된 근본 원인은 애초에 서구 열강이 편의에 따라 설정한 식민지의 경계가 후에 그대로 신생국의 경계선이 된 데에서 찾을 수 있다. 이는 결국 문화와 전통이 서로 다른 '인종 집단ethnic group'들이 경계선을 재설정하는 문제를 놓고 치열하게 각축하는 상황으로 이어졌고, 오늘날까지도 아프리카 여러 지역에서 계속되고 있는 피비린내 나는 내전의 원인이 되었다. 드물게는 내전이 경계선의 재설정과 그에 뒤이은 신생국의 탄생을 가져오는 경우도 있었다. 에리트레아는 1960년대 초부터 무려 30년 이상 계속된 내전 끝에 1991년 에티오피아로부터 독립을 쟁취하는 데 성공했다. 2011년 7월에 독립을 선포해 국제사회의 정식 일원으로 인정받은 남南수단 역시 이슬람-아랍계가 지배하는 중앙정부에 맞서 오랜 기간에 걸쳐 내전을 치러야 했다.

21세기 들어서도 아프리카를 비롯한 제3세계 여러 국가들은 근대 국가 건설에 실패한 채 정치·경제적으로 이중고에 시달리고 있다. 식민주의의 유산이 여전히 짙은 그림자를 드리우고 있다는 것이 이러한 현상을 낳은 한 가지 중요한 이유이고, 이외에도 국가마다 내재적이거나 외재적인 요인들이 존재한다. 최근 이 국가들은 '파탄 국가failed state'라는 다소 불명예스러운 명칭으로 불리기도 하는데, 파탄 국가의 중요한 특징은 다음과 같다.

첫째, 정부의 행정적, 제도적 하부 구조가 매우 취약하고 비효율적이다. 정부 기구를 소수의 엘리트가 장악하고 이들은 공공 서비스를 제공하는 것을 목표로 삼는 대신 권력을 이용해 각자의 사리사욕을 채우는 데 더 열중한다. 한마디로 정부 내 부패가 통제할 수 없을 정도로 만연해 있다. 둘째, 언어, 인종 등의 차이

파탄 국가 분류 지도.
짙은 색 표시가 파탄
국가로 분류되는 국가
를 나타낸다

가 사회 분열을 심화한 결과, 특정 부족이 정부 기구를 장악했을
때 타 부족 출신들은 정부를 경원시하거나 정부에 저항하려는
경향을 보인다. 즉 사회적 일체감을 확보하기 어렵고, 이로 인해
정치적, 사회적 불안정이 만성화된다. 셋째, 정부 기구의 비효율
성과 부정부패로 말미암아 국가는 시민들 사이에서 안전과 질서
의 제공자이기보다 약탈과 착취의 원천으로 인식된다. 즉 국가
는 시민들로부터 어떠한 정당성도 부여받지 못한다. 넷째, 정부
가 통치 능력을 상실하고 경제 상황이 악화됨에 따라 외부의 도
움, 즉 국제기구나 강대국의 재정적, 군사적, 인도주의적 도움에
의존할 수밖에 없다. 미국의 외교 전문지《포린 폴리시Foreign
Policy》에 따르면 2011년 현재 소말리아, 차드, 수단, 콩고 민주공
화국, 아이티, 짐바브웨 등이 대표적인 파탄 국가로 분류된다.

한국의 근대 국가 건설

지금까지 우리는 주로 서구의 사례를 통해 근대 국가의 등장과 진화 과정을 살펴보았다. 그렇다면 한국에서 근대 국가는 언제 처음 등장했고, 어떤 방식으로 진화해왔는가? 이는 쉽게 답하기 어려운 문제이며, 학자들의 의견 역시 크게 엇갈리고 있다. 여기에서는 여러 상이한 입장들을 고려해 한국 근대 국가의 기원과 진화에 관한 대략의 윤곽을 제시하고자 한다.

가장 먼저 지적해두어야 할 점은 한국은 근대 국가라는 제도를 서구로부터 '수입' 해야 했다는 사실이다. 더군다나 그 수입의 과정은 자발적인 것과는 거리가 멀었다. 19세기 중반 조선, 중국, 일본의 동양 삼국에 밀어닥친 서구 열강의 제국주의적 팽창과 그에 따른 중화 질서의 동요가 없었다면 한국은 근대 국가라는 낯선 서구식 제도를 굳이 수입할 필요를 느끼지 못했을 것이다. 하지만 '사대자소事大字小(작은 나라는 큰 나라를 섬기고 큰 나라는 작은 나라를 보살핀다는 의미)' 의 이념을 바탕으로 오랜 기간 조선에 정치적 보호막을 제공해주던 중국이 서구 열강의 공세에 무력하게 굴복하고, 조선과 중국에 앞서 근대화에 성공한 일본이 그러한 공세에 동참하는 상황이 발생하자, 근대 국가 건설은 절체절명의 과제가 되었다. 결국 조선은 1876년 일본과 체결한

강화도 조약을 계기로 근대 국가 건설에 본격적으로 뛰어들게
된다.

　19세기 말 조선의 근대 국가 건설 과정은 크게 두 측면으로 나
누어서 생각해볼 수 있다. 먼저 조선은 중국의 '속방屬邦'으로서
의 지위에서 벗어나 '자주독립 국가', 즉 주권 국가로서의 정체
성을 정립하는 작업에 착수했다. 이를 위해 특히 서구의 주권 개
념을 적극적으로 수입했다. 중국을 세계의 중심에 놓고 다른 국
가들이 중국에 종속된다고 보는 전통적인 국제정치관 대신 모든
국가들이 (적어도 공식적으로는) 동등한 권리를 누리는 국제 관계
를 정당화할 수 있는 새로운 이론이 필요했던 것이다. 이러한 노
력을 주도한 인물들 중 한 명인 유길준(1856~1914)은 〈국권國權〉
이라는 글에서 서구식 주권 개념을 다음과 같이 소개하고 있다.

유길준

　지금 이 국권은 두 가지 종류로 나뉜다. 하나는 내용주권內用主權이
다. 이는 그 나라의 일체 정치와 법제는 모두 그 나라의 전장典章에서
나온다는 것을 가리킨다. 하나는 외용주권外用主權이다. 독립 평등한
예로서 다른 나라와 교섭을 지킨다는 것이다. 이렇게 주권은 원래 시
작된 바의 좋고 나쁨이나 토지의 대소大小나 인민의 다과多寡에 상관
없이 단지 그 내외적인 정형情形으로 판단한다. 대구大毬에 바둑판과
같이 여러 나라가 대치하고 있어서 각기 주권을 가지고 있으니 서로
넘어서지 못하므로 자기 나라의 주권을 보호하고자 하면 다른 나라

의 주권을 범하지 않는다. 대저 나라에 주권이 없으면 설 수 없으니 내외의 주권을 합하여 이를 일컬어 본本을 세우는 권權이라고 한다.

조선 근대 국가 건설의 두 번째 측면은 서구식 국가 제도가 본격적으로 도입되었다는 사실이다. 특히 1894년 청일전쟁의 여파 속에서 집권에 성공한 개화파가 주도한 이른바 '갑오경장'의 일련의 조치들을 통해 가장 포괄적인 국가 제도의 개혁이 이루어졌다. 과거 제도가 폐지되고, 의정부 6조 체제가 내각 7부(외부外部, 내부內部, 탁지부度支部, 군부軍部, 법부法部, 학부學部, 농상공부農商工部)로 재편되었다. 또 지방 행정 체제가 간소화되고, 국내 치안을 담당하는 경무청이 신설되기도 했다. 이러한 노력의 결과 적어도 외관상으로 조선의 정부 기구는 서구의 정부 기구와 현저하게 유사해졌다.

물론 이와 같이 대외적인 정체성을 재정립하고 서구의 국가 제도를 도입하는 등의 노력이 큰 성과를 거두었다고 보기는 어렵다. 이러한 시도들이 중국, 러시아, 일본 등 주변 열강의 압력과 비호 아래 실행되었고, 그나마 미처 결실을 보기도 전에 조선이 국권을 상실했기 때문이다. 하지만 이와 같은 개혁 시도를 계기로 조선이 수백 년 동안 지속된 유교적 통치 체제에 마침표를 찍고, 부국강병을 목표로 하는 국가 제도 건설에 첫발을 내딛게 된 것도 엄연한 사실이다. 1945년 해방과 함께 본격화된 한국의

갑오경장 이후 설치된 근대적 경찰 기구인 경무청

갑오경장으로 과거 제도가 폐지되고, 의정부 6조 체제가 내각 7부로 재편되었다. 또 지방 행정 체제가 간소화되고, 국내 치안을 담당하는 경무청이 신설되었다. 조선의 근대 국가 건설은 서구식 국가 제도를 도입하면서 이루어진 것이다.

근대 국가 건설은 이러한 토대 위에서 이루어졌다.

많은 학자들은 오늘날 한국 국가의 가장 기본적인 특징들이 해방 이후 시기와 한국 전쟁 시기에 만들어졌다는 데 동의한다. 해방 직후 한국에서 국가 건설을 주도한 것은 미 군정이었다. 미 군정이 한반도에 어떤 종류의 국가를 건설할 것인지에 관해 사전에 뚜렷한 구상을 가지고 있었던 것 같지는 않다. 한국을 통치하는 데 있어서 미 군정의 제일 목표는 정국 안정이었으며, 이를 위해 미국에 적대적이거나 미국이 옹호하는 가치와 규범에 상충되는 이념을 옹호하는 정치 세력의 부상은 모든 수단을 동원하여 막으려 했다. 이는 두 가지 결과를 가져왔는데, 먼저 미 군정의 통치 기구는 일본 식민 정부 기구의 골격을 거의 그대로 이어받았고, 또 다수의 친일 부역자들이 새로운 관직에 등용되었다. 특히 경찰은 조직의 성격이나 충원에서 전형적인 식민지 경찰 기구의 모습을 띠었다. 신규 창설된 군대 역시 일본군계가 창군 과정을 주도했다. 이러한 사정은 1948년 이승만의 한민당이 주도한 남한 단독정부 수립 이후에도 크게 달라지지 않았다.

다른 한편으로 미 군정은 한국의 근대 국가 발전에 중요한 유산을 남겼다. 즉 국가 기구의 운용이 자유 민주주의와 입헌주의의 제도와 절차 내에서 이루어지도록 한 것이다. 보다 구체적으로, 보통 선거권과 정당 제도, 최고법으로서의 헌법, 삼권 분립, 근대적 사법 제도 등 민주주의와 입헌주의의 주요 제도 및 절차

해방과 동시에 미국의 주둔 아래 근대 국가 건설에 착수한 대한민국

가 도입되었다. 앞서 살펴보았듯이 프랑스, 독일을 비롯한 서구 여러 나라의 경우 이러한 제도들은 100년 이상의 오랜 과정을 거쳐 정착되었다. 하지만 신생국인 한국은 민주주의 국가, 입헌주의 국가로서의 정체성을 떠안은 채 근대 국가 건설의 길에 들어섰다. 물론 이후의 역사에서 민주주의와 입헌주의의 원칙들은 끊임없이 무시되고 위반되었다. 하지만 해방 이후 역대 어느 정부도 그 원칙들을 정면으로 부정하지는 못했고, 그로 인한 현실과 명분의 괴리는 정권 반대 세력의 저항에 정당성을 부여했다.

미 군정 이후 한국 근대 국가의 건설 과정은 크게 두 가지로 특징지을 수 있다. 첫째, 한국 전쟁과 그에 뒤이은 북한과의 대립으로 국가 기구 내에서 군대 및 군사 기구의 비중과 역할이 매우 커졌다. 서구 근대 국가의 기원과 진화 과정에서 점점 더 규모가 커지고 격렬해진 전쟁이 중요한 역할을 했듯이, 약 3년 동안 수백만 명의 사상자를 비롯해 엄청난 피해를 초래한 한국 전쟁은 한국의 국가 기구가 근대화되는 데 결정적인 영향을 미쳤다. 또 휴전 이후 수십 년 동안 계속 북한과 군사 대치를 이어온 한국은 약소국으로서는 꽤 부담스러운 규모의 인력과 자원을 지속적으로 동원하고 조직하기 위해 국가 기구의 효율성을 끊임없이 제고해야 했다. 하지만 이와 같은 군사 기구의 확대와 강화가 태평양 전쟁 당시의 일본이나 오늘날의 북한에서처럼 '전 사회와 국가의 전면적인 군사화', '군국주의'로 이어지지는 않았다. 혹자는 1961년과 1979년의 군사 쿠데타를 예로 들어 한국에서 군부의 정치적 영향력이 막강했음을 지적할 것이다. 하지만 쿠데타를 일으킨 군 출신 지도자들은 집권에 성공한 뒤에는 '군사화'의 길을 가는 대신 자신들 정권의 정당성을 '경제 발전'에서 구했음을 기억할 필요가 있다.

둘째, 앞에서 잠시 살펴보았듯이 1960년대 이후 한국의 근대 국가는 단시일 내에 높은 경제 성장을 이루기 위해 직접적이고 노골적인 방식으로 시장과 산업 부문에 개입하는 '개발 국가'의 역할을 수행했다. 다른 국가들에 비해 한국에서 국가가 경제에 개입하는 방식은 대단히 권위주의적이었다. 특히 1961년 쿠데타로 집권에 성공한 박정희(임기 1963~1979) 정권은 다소 과도하게 설정한 경제 발전의 목표치를 달성하기 위해 정부로 하여금 기업의 생산 활동을 직접 지도하고 독려하게 하고, 선별된 전략 산업을 육성하기 위해 다른 경제 부문 종사자의 희생을 감수하면서 특정 기업들을 집중 지원하게 했다. 이러한 과정에서 공사의 구분이나 민주적 절차 등은 간단히 무시되었다. 또 이 과정에서 발생한 사회 불만의 표출을 막기 위해 경찰과 정보기관 등이 적극 활용되었다. 하지만 이러한 권위주의적이고 억압적인 과정

1961년 5·16 군사 쿠
데타 직후 폭력을 독
점한 군대가 이정재
등 자유당 시절의 정
치 폭력배들을 잡아
들여 가두 행진을 시
키는 모습

을 거쳐 (유감스럽지만 역설적이게도) 한국이 다른 어떤 개발도상
국들과 비교해서도 뛰어난 경제적 성과를 거두었다는 데에는 의
심의 여지가 없다.

국가 단순화

근대 국가는 정치학, 법학, 사회학, 역사학 등 여러 학문 분과에서 빈번히 다루어지는
연구 주제이다. 인류학 역시 이 목록에 포함되는데, 미국 예일 대학의 저명한 인류학
자 스콧James C. Scott은 《국가처럼 보기Seeing Like the State》라는 흥미로운 제목의 저서
에서 '국가 단순화state simplication'라는 개념을 제시하고 이를 근대 국가의 핵심적인
특징 중 하나로 제시했다. 스콧은 근대 국가와 전근대 국가를 가르는 가장 중요한 특
징이 통치 대상으로서의 시민과 그들이 처한 상황을 '지식화'해서 일반화할 수 있는
능력의 소유 여부에 있다고 본다. 스콧에 따르면 그러한 능력을 결여했던 전근대 국
가는 "맹인"과 같은 존재였고, 그 결과 시민들의 삶에 대한 국가의 개입 방식은 "거
칠거나 자기 파멸적"이었다. 반면, 근대 국가는 도량형 표준화, 토지 조사와 인구 등
록, 언어와 법률 담론의 표준화, 도시 계획 등 시민들의 일상적인 삶에 개입해 이를
관리하고 조직하는 능력을 보유했다. 하지만 여기서 중요한 사실은 그러한 근대 국
가의 관리와 조직화가 시민들의 삶을 상당 부분 '단순화'하는 방식으로 이루어진다
는 점이다. 근대 국가가 시민들과 그들의 환경에 대해 구축한 지식은 단순화된 지식
이며, 그런 의미에서 정밀한 실측 지도가 아니라 '약도'에 가깝다는 것이다. 약도는
우리가 가려는 장소를 찾는 데 필요한 최소한의 정보만을 포함한다. 즉 근대 국가는
자신의 이해관계에 따라 시민들이 처한 현실을 자의적으로, 곧 자신들이 보고 싶은
방향으로 재구성한다. 그리고 그러한 과정에서 인간의 삶 역시 변형되고, 왜곡되고,
황폐화되며, 심지어는 국가가 추구하는 목표를 위해 희생되기도 한다. 스콧의 근대
국가에 대한 묘사는 '근대성modernity'의 폐해에 대한 문명론적인 비판으로 연결된다.

4장

근대 국가의 전망

근대 국가의 위기

이스라엘의 역사학자 크레벨트Martin van Creveld는 14세기 이래의 국가의 역사를 개관한《국가의 흥망The Rise and Decline of the State》이라는 저서에서 마지막 장을 '국가의 쇠퇴'라는 주제에 할애했다. 여기서 흥미로운 점 한 가지는 국가의 쇠퇴가 본격화되기 시작한 시기를 1975년으로 잡고 있다는 점이다. 크레벨트는 그 이유를 명확히 밝히고 있지 않다. 그렇다면 1975년을 전후해 어떤 일이 일어났는가?

제4세대 전쟁의 출현과 데탕트

먼저 1975년, 무려 10년 이상을 끌어온 베트남 전쟁이 공식적으로 종결되었다. 베트남 전쟁에서 폭력의 중앙 집중을 통해 엄청난 힘을 축적한 미국이라는 '슈퍼 근대 국가'가 비정규군을 앞세운 북베트남군의 공세를 막아내는 데 무력하다는 사실이 입증되었다. 불과 몇 년 후 아프가니스탄 내전에 개입한 또 하나의 '슈퍼 근대 국가' 소련 역시 탈레반 게릴라들을 상대로 매우 어려운 싸움을 벌였고, 결국 미국과 마찬가지로 별다른 성과를 거두지 못한 채 철수해야 했다. 베트남과 아프가니스탄에서 미국과 소련이 실패한 것은 양국이 동원할 수 있는 폭력의 절대적인 규모와 강도가 북베트남군과 탈레반 반군보다 못했기 때문이 아니다. 진짜 이유는 두 전쟁에서 싸워야 할 상대의 성격과 싸움의 방식이 판이해졌다는 데 있다. 북베트남군과 탈레반 반군은 민간인 거주지를 근거로 활동하며 상대방 정규군을 기습 공격하여 피해를 입히는 게릴라 전술을 주로 구사했다. 이들 게릴라 비정규군과의 싸움에서는 대규모 폭력의 동원과 집중에서 우위에 있던 미군과 소련군도 큰 힘을 발휘할 수 없었다. 온 힘을 다해 쓰러뜨려야 할 뚜렷한 목표가 존재하지 않았기 때문이다. 민간인들 사이에서 활동하며, 때로는 민간인들을 방패로 삼는 게릴라들을 상대하기 위해 미군과 소련군은 이전의 전쟁 경험에 토대를 둔 전략과 전술을 전면적으로 재검토해야 했다. 역으로 북베트남군과 탈레반 반군은 중앙정부에 의한 폭력의 독점과 힘의 집중을 통하지 않고도 강대국을 상대로 충분히 효과적인 싸움을 할 수 있음을 입증했다.

앞서 언급했듯이 근대 이후 서양에서 새로운 전쟁 양식의 등장과 전쟁 빈도의 증가는 근대 국가의 형성을 촉진한 결정적인

1975년 핀란드 헬싱키에서 구소련과 동구를 포함한
전 유럽 국가의 대표들이 모여 유럽의 항구적인 평화
와 안전의 보장이라는 대의에 합의해 결성됐다. 1980
년대 후반 들어 동유럽 해체, 베를린 장벽 붕괴, 바르
샤바 조약 기구 해체 등으로 화해 무드가 조성된 가운
데 이 기구의 실세화와 많은 활동이 기대되었다.

요인이었다. 정도의 차이는 있지만 많은 경우 더욱더 많은 세금
을 징수해 더욱더 많은 병사들을 동원하고, 더욱더 많은 무기와
보급품을 제공할 수 있는 능력을 갖춘 국가가 다른 국가들과의
생존 경쟁에서 유리한 위치를 선점했고, 그 결과 거의 모든 국가
들이 그러한 능력을 갖추기 위해 온 힘을 기울였다. 두 차례에
걸친 세계대전은 근대 국가의 전쟁 수행 능력이 어느 정도까지
확장될 수 있는지를 생생하게 보여주었다. 하지만 제2차 세계대
전이 끝나고 약 30년도 채 지나지 않아 이전과는 전혀 다른 유형
의 전쟁이 출현했고, 인류 역사상 가장 강력한 폭력 기계로서의
근대 국가는 새로운 도전에 직면하게 되었다. 전통적인 근대 국
가들은 이 문제를 적절하게 해결할 방안을 오늘날까지도 찾아내
지 못한 것으로 보인다. 2001년 이래 탈레반 게릴라들과 힘든 싸
움을 해온 미국은 별다른 성과를 거두지 못한 채 아프가니스탄
으로부터의 철군을 모색하고 있다.

　다른 한편, 1975년은 유럽안보협력회의Conference on Security and
Cooperation in Europe(CSCE)의 개최와 헬싱키 선언Helsinki Accords의 체결
로 데탕트(동서 진영 간 화해 무드)가 절정에 이른 해이기도 하다.
유럽안보협력회의와 헬싱키 선언은 강대국 간 안보 문제와 관련
하여 다음의 두 가지를 의미했다. 첫째, 핵무기의 등장으로 이제
세계대전과 같은 강대국 간의 전쟁은 더 이상 가능하지 않다는
암묵적인 합의가 이루어졌다. 둘째, 국가 간 안보 딜레마는 안보

1975년 7월 핀란드의 수도 헬싱키에서 열린 유럽안보 협력회의에서 미국과 소련을 비롯한 35개 참가국들은 '상호 간의 국경 존중' 등의 10개 원칙을 천명한 역사적 문서 헬싱키 선언에 조인했다. 유럽은 이를 계기로 동서 간 협력의 첫걸음을 내디뎠으며 소련은 인권 보호의 원칙을 수용함으로써 반反체제 세력의 성장을 허용하지 않을 수 없게 되었다.

협력의 제도화를 통해 일정 부분 해결될 수 있다는 믿음이 널리 공유되기 시작했다. 한마디로 국제 관계의 무정부적 성격으로 인한 국가들 간의 항구적인 갈등과 경쟁의 메커니즘이 적어도 강대국들 사이에서는 완화될 조짐이 나타나기 시작했다. 이러한 경향은 특히 서유럽에서 두드러졌다. 불과 30년 전만 해도 공멸의 위험을 감수하며 서로 총력전을 펼치던 서유럽 국가들은 전쟁과 그 밖의 폭력 사용을 문제 해결의 수단에서 배제하는 일종의 '무無전쟁 공동체no-war community'를 형성하게 된 것이다. 이

시헌의 저서 《그 많던 군인들은 모두 어디로 갔는가》의 표지

는 결코 일시적인 현상이 아니었으며, 냉전 이후 이 공동체는 유럽 전역으로 확대되었다. 미국의 역사가 시헌James Sheehan은 이러한 급격한 변화를 설명하고 분석한 저서의 제목을 '그 많던 군인들은 모두 어디로 갔는가Where Have All the Soldiers Gone?'라고 붙였다. 경쟁적인 국제 체제에서의 생존을 폭력과 권력 집중의 명분으로 삼아온 근대 국가는 적어도 유럽 대륙 내에서는 존재 이유를 일정 부분 상실했다.

또한 1975년 3월에는 유럽이사회European Council가 아일랜드의 더블린에서 첫 모임을 가졌다. 유럽이사회는 유럽연합(1975년 당시 유럽공동체European Community) 회원국 정상들의 정례적인 모임으로 당시 교착 상태에 있던 유럽 통합에 새로운 활력을 불어넣기 위해 기획되었다. 이후 단일유럽의정서Single European Market의 체

결, 단일 화폐 채택, 동유럽 국가들의 유럽연합 가입 허용 등과 같이 유럽 통합 역사에서 한 획을 그은 중요한 결정들이 이 유럽 이사회에서 내려졌다. 그 결과 1957년 출범 당시만 하더라도 누구도 미래를 확신하기 어려웠던 유럽연합은 1980년대와 1990년대를 거치면서 명실상부한 초국가 기구로 자리 잡게 되었다. 이와 함께 유럽연합 회원국들의 전통적인 주권 국가로서의 성격은 점차 퇴색되었다. 이는 국내 정치와 경제, 사회적 이슈와 관련된 중요한 결정들이 점점 더 빈번하게 유럽연합 차원에서 내려지고, 회원국들이 그 결정을 거부할 근거를 찾기 어렵게 되었기 때문이다. 즉 유럽연합 회원국들이 '국가의 의사 결정 과정과 질서 유지에 있어서의 궁극적인 권위'로서의 주권을 온전히 행사하는 것이 점점 더 어려워졌다. 이제 근대 국가는 그 시원지始原地에서 과거와 같은 영향력을 누리지 못하고 있다.

국가-경제 패러다임의 변화

1975년은 또한 경제에 대한 국가 개입을 옹호해온 '케인스주의 복지 국가'에 관한 합의가 붕괴된 시점이기도 하다. 1970년대 들어 대다수 서구 국가들에서 국가 재정의 과도한 팽창으로 인한 재정 위기가 심각한 수준에 이르렀고, 국제 원유가의 상승으로 인해 스태그플레이션, 즉 성장 없는 인플레이션이 만성화되

지구화

세계화라고도 불린다. 국가 간 장벽의 제거로 전 세계의 경제 질서가 지속적으로 통합되는 현상을 가리킨다. 또 국제적인 차원의 협력과 특화와 경쟁을 통해 부와 효율성을 제고하려는 각종 시도들을 지칭한다. 오늘날 지구화는 특히 교통, 통신 기술의 발전으로 가속화되고 있다. 지구화는 국가 간, 국가 내 소득 불평등의 심화, 국제 금융 시장의 항구적인 불안정성, 환경오염, 노동력 착취 등과 같은 부정적 효과도 초래한다. NGO 단체들을 중심으로 지구화에 대한 반대 움직임이 만만치 않게 진행되고 있다.

면서 실업률이 사상 최고치에 달하는 등 심각한 경제 위기가 발생했다. 이에 따라 점점 더 많은 수의 정치가들과 정책결정자들은 국가의 경제 개입을 최소화하고 시장의 자율성을 극대화하는 것이 문제의 해결책이라는 경제학자들의 주장을 케인스 경제학의 유력한 대안으로 받아들이기 시작했다. 이제 많은 이들이 강력한 사적 소유권, 자유 시장, 자유 무역으로 특징지어지는 제도적 틀 내에서 인간의 잠재력이 최대로 발휘될 수 있고 최대한의 인간 복지가 실현될 수 있다는 믿음을 공유하게 되었다. 영국과 미국을 필두로 하여 북미와 서유럽의 여러 국가들은 각종 규제 조치들을 해제하고, 국영 기업을 사유화하며, 복지 지출을 대폭 삭감하여 재정 건전성을 높이고, 노조의 권한을 제한하는 등의 정책을 추진했다. 1981년 사회주의 정당 출신으로 프랑스 대통령에 당선된 미테랑François Mitterrand이 주요 산업의 국유화 등 경제 위기에 대한 사회주의적 해결책을 모색하기 시작한 지 얼마 안 되어 이를 포기하고 사유화, 시장 자유화의 길로 선회한 것은 경제 패러다임 전환의 가장 대표적인 사례로 꼽힌다.

국가-경제 관계의 근본적인 재조정을 옹호하는 이 새로운 패러다임은 1990년대부터는 지구화globalization 담론과 결합되어 제시되었다. 실제로 정보통신 기술의 급속한 발전과 함께 국가 경제와 국제 경제 간의 장벽이 허물어짐에 따라 경제 부문에서 국가의 역할 범위가 빠른 속도로 축소되기 시작했다. 예를 들어 케

미국의 뉴욕 증권거
래소

인스주의 패러다임에 따르면 불황기에 국
가는 이자율을 낮추고, 재정 적자를 감수
하면서 정부 지출을 늘리는 등 인위적인
경기 부양책을 사용하여 불황을 일정 부
분 극복할 수 있다. 하지만 지구화의 진
전으로 상당수 국가에서 자본 시장이 개
방되고, 경제 성장을 위해 보다 많은 외
국 자본을 유치하는 일의 중요성이 크게 증가한 오늘날 그러한
정부의 경기 부양책은 외국 자본의 유출과 그에 따른 경제 상황
악화라는 의도하지 않은 결과를 초래할 수 있게 되었다. 마찬가
지로 경제 영역에서 국가들 사이의 경쟁이 점점 더 격화되는 가
운데 국가는 산업의 국제 경쟁력을 떨어뜨리고 외국 자본의 유
치를 가로막는 대표적 요인인 복지 지출을 줄여야 한다는 압력
에 직면했고, 정도의 차이는 있지만 거의 모든 서구 국가에서 복
지 국가의 후퇴가 이루어졌다. 지구화는 국가가 정치적, 사회적
목적을 달성하기 위해 경제 정책을 운용할 수 있는 공간을 크게
줄여놓았다.

결국 여기에서 중요한 사실은 19세기 산업혁명기에 시작되어
1960년대에 이르기까지 꾸준히 확대돼온 국가의 경제적 역할이
1970년대를 거치면서 축소되는 추세에 들어섰다는 것이다. 물론
국가와 경제의 관계가 특정 시점을 기준으로 완전히 역전되었다

스트레인지에 따르면 오늘날 "국가는 권위의 여러 원천들 중 단지 하나에 불과한 존재"가 되었으며, "한때 국가는 시장을 지배했지만 이제는 시장이 여러 중요한 문제에서 정부를 지배"하고 있다.

고 단정하는 것은 상황을 지나치게 단순화하는 것일 수 있다. 현재 국가의 경제적 역할이 축소되는 것처럼 보이는 상황은 전후에 과도하게 팽창된 국가 개입주의가 '정상화'되는 과정으로 보아야 한다는 일각의 의견은 일리가 있다. 또 새로운 국가-경제 패러다임을 옹호하는 이들이 경제에서 국가의 역할을 완전히 배제할 것을 주장하는 것이라기보다는 점점 더 복잡해지고 유동적으로 변해가는 국내외 경제 환경 속에서 양자 사이의 관계를 보다 '유연하게' 정의할 것을 주장하는 것이라는 지적에도 일리가 있다. 하지만 이러한 모든 점을 고려하더라도, 국가의 경제적 역할은 축소되고 시장의 자율성은 강화되는 것이 전반적인 경향임은 부인할 수 없는 사실이다. 영국의 정치경제학자 스트레인지 Susan Strange가 《국가의 퇴각 The Retreat of the State》이라는 인상적인 제목의 저서에서 밝히고 있듯이 "국가는 권위의 여러 원천들 중 단지 하나에 불과한 존재"가 되었으며, "한때 국가는 시장을 지배했지만 이제는 시장이 여러 중요한 문제에서 정부를 지배"하고 있다.

근대 국가의 미래

1975년을 전후하여 일어난 이상의 변화들을 고려할 때 근대 국가의 미래에 관해 어떤 예측을 할 수 있을까? 지금까지 살펴보았듯이 역사적으로 근대 국가는 늘 변신을 거듭해왔다. 우리는 그러한 끊임없는 변신의 역사 속에 현재의 근대 국가가 처한 상황을 위치시킴으로써 미래에 대한 전망을 객관화할 수 있다. 물론 미래에 대한 모든 예측은 정확한 근거에서 이루어지기 어렵고, 최종적인 판단은 각자의 몫일 수밖에 없다. 다만 비교적 분명하게 말할 수 있는 한 가지는 '지속'이냐 '쇠퇴'냐의 이분법적인 관점에서 근대 국가의 미래를 예측하는 것은 상황을 지나치게 단순화하는 결과를 초래할 수 있다는 점이다. 우리는 그러한 이분법을 넘어 좀 더 복잡한 그림을 그릴 필요가 있다.

영국의 전직 외교관이자 국제정치학자인 쿠퍼Robert Cooper가 《국가들의 분열Breaking of Nations》에서 제시한 세계 정치 조망도는 근대 국가의 미래에 관한 복잡한 그림의 한 예로 간주될 수 있

초국가 기구 유럽연합의 상징, 권력 기구 중 하나인 대한민국 검찰청, 아프리카 내전의 반군 소년병(왼쪽부터)

다. 쿠퍼에 따르면 유럽 대륙에서는 유럽 통합의 진전으로 근대 국가의 해체가 본격화되고 있는 반면, 아프리카를 비롯한 제3세계 여러 국가들은 근대 국가 건설에 실패한 채 전근대적인 정치, 사회 혼란에서 벗어나지 못하고 있고, 미국, 소련, 중국, 일본 등 강대국들과 근대 국가 건설에 성공한 그 밖의 여러 나라들은 근대 국가의 제도적 틀과 가치의 보존을 완강하게 주장하는 등 서로 모순되는 상황이 동시 다발적으로 일어나고 있다. 세계 어떤 곳에서는 근대 국가의 극복이, 다른 어떤 곳에서는 근대 국가의 건설이, 또 다른 어떤 곳에서는 근대 국가의 유지가 초미의 관심사가 되고 있다는 것이다. 혹자에게는 쿠퍼의 삼분법 역시 오늘날 근대 국가가 처한 상황을 지나치게 단순화한 것으로 비칠 것이다. 하지만 쿠퍼식의 논의는 근대 국가의 진화가 하나의 방향이 아니라 여러 방향으로 진행되고 있다는 사실을 직시했다는 점에서 보다 현실적인 미래 예측을 위한 유용한 출발점이 될 것으로 보인다.

● —— 근대 국가

나가는 말

근대 국가는 변화한다

근대 국가의 기본적인 성격과 역사에 대해 알아보는 지금까지의 작업은 어떤 의미가 있는가? 어떤 이들에게 그것은 그다지 큰 지적 흥미를 불러일으키지 않는 주제일 수 있다. '근대 국가'라는 용어 자체가 선입견을 불러일으킬 여지가 있다. 특히 '근대'는 기본적으로 극복의 대상이라고 믿는 이들은 근대 국가 역시 청산해야 할 과거의 유산에 불과하다고 여길 것이다. 사실 오랜 기간 '국가'의 문제를 천착해온 정치학 분야에서도 현재 근대 국가는 연구 주제로서 그다지 높은 인기를 누리고 있지 못하다. 근대 국가는 기본적인 주제이기는 하지만 다시 '건드리기에는' 새삼스러운 주제이다. 그 대신에 지역 통합이나 거버넌스govemance와 같이 근대 국가를 뛰어넘는 정치적 현상에 대한 관심이 고조되고 있다.

　하지만 이러한 지적 유행의 흐름에 관계없이 근대 국가의 문제는 여전히 현재 진행형이다. 우리는 중앙정부에 의한 폭력의 공치共治, 협치協治 등의 용어로 번역되기도 한다. 정부에 의한 일방적인 통치라는 전통적 통치 방식과 대비되는 새로운 통치 방식으로서 각종 이익 집단, 시민 단체, 공사 조직 등 각종 비정부 기구와 정부 기구가 네트워크를 구성하고 긴밀한 협조하에 주어진 문제를 해결한다. 행정학에서 처음 사용되기 시작하여 최근에는 정치학, 국제정치학 등에서도 중요한 연구 주제가 되고 있다.

독점이 너무나 당연하게 여겨지는 사회에 살고 있지만, 아프리카 등지의 '파탄 국가' 시민들에게는 폭력의 독점과 집중으로 사회의 질서와 안정을 유지하는 것이 그야말로 생사가 걸린 문제이다. 그것이 기본적으로 서구 제국주의의 유산이냐, 세계 어떤 지역에서는 그것이 이미 극복의 대상이냐의 여부에 관계없이 이들 파탄 국가는 그들의 문제를 해결하기 위해 근대 국가를 건설하는 것 외에는 다른 대안을 찾기 어려운 실정이다. 또 가장 앞서 지역 통합을 이룩한 유럽에서도 과연 오늘날의 유럽연합이 기존의 국가 체제를 완전히 대체하는 방향으로 나아갈 것인가에 관해서는 아직 회의적인 견해가 상당하다. 특히 유럽에서 통합은 여전히 경제 분야에 집중되어 있다는 점을 상기할 필요가 있다. 즉 유럽연합이 국가에 의한 폭력의 독점을 극복하려는 모습을 보이지는 않고 있다는 것이다. 1990년대부터 군사·안보 분야에서의 협력을 강화하려는 노력이 진행 중이기는 하지만 최근 리비아에 대한 군사 개입을 놓고 벌어진 이해 갈등과 의견 충돌에서 알 수 있듯이 아직은 갈 길이 멀다.

이러한 지적이 단순히 전통적인 의미에서의 근대 국가가 여전히 중요하다는 메시지를 던지기 위한 것은 아니다. 이 책의 거의 3분의 2를 할애하여 입증하고자 했듯이 근대 국가는 역사적으로 끊임없이 변화해왔고, 지금도 변화하고 있다. 또 앞서 거듭 지적했듯이 오늘날 경제적으로 발전되고 정치적으로 안정적인 근대 국가의 경우 폭력의 독점이라는 국가 역할의 가시성은 점차 감소하고 있다. 근대 국가의 기본 성격을 되짚어보고 그 기원과 진화 과정을 되돌아봄으로써 우리가 얻을 수 있는 가장 중요한 것 한 가지는 근대 국가가 현재 겪고 있는 변화의 의미를 보다 객관화된 관점에서 이해할 수 있다는 것이다. 이러한 이해를 통해서 우리가 처해 있는 현실에 보다 유연하게 대처하는 태도와 능력을 도모할 수 있을 것이다.

이러한 태도와 능력은 21세기의 한반도에 살고 있는 우리에게 더욱 중요한 과제이다. '들어가는 말'에서도 언급했듯이 현재 한국과 중국, 일본 등 동아시아 국가들은 전형적인 근대 국가로 자처하고 있다. 즉 이들 국가는 대내적으로는 사회의 안정과 질서의 수호자임을 자처하는 동시에 대외적으로는 어떤 외부의 권위로부터도 자유로우며 다른 국가들과 평등한 관계에 있음을 주장하는 것이다. 이는 이들 국가의 정치적·경제적 성공의 비결이기도 하지만 동시에 치명적인 단점이기도 하다. 또한 한국은 전통적인 근대 국가 모델을 지나치게 고집할 경우 장차 직면하게 될 통일 문제와 관련해 많은 어려움을 겪을 수 있다. 통일된 한국은 여전히 '국가'일 것이다. 하지만 그 국가가 어떤 형태와 내용을 가지게 될 것인지에 대해서 열린 마음으로 접근하는 태도가 필요하다.

● 개념의 연표—근대 국가

- 1337~1453 | **영국과 프랑스 사이에 백년 전쟁 발발**

- 1445 | **프랑스에서 근대 최초의 상비군 창설**

- 1494 | **이탈리아 전쟁 발발**
  프랑스와 합스부르크가 사이의 세력 각축전이었던 이 전쟁에서 프랑스군은 강력한
  화포를 앞세워 이탈리아 도시 국가들을 무력화시킴

- 1532 | **마키아벨리의 《군주론》 출간**

- 1576 | **장 보댕의 《국가론》 출간**
  근대적 주권 개념에 관한 가장 중요한 저작

- 1648 | **베스트팔렌 조약 체결**
  30년 전쟁을 종결시키는 동시에 근대적 주권 원칙이 공식화됨

- 1648~1653 | **프랑스에서 프롱드의 난 발발**
  절대왕정에 대한 귀족들의 저항. 이후 절대주의 국가의 황금기가 이어짐

- 1651 | **토머스 홉스의 《리바이어던》 출간**

- 1688 | **영국에서 명예혁명 발발**
  혁명의 성공으로 영국에서 입헌주의 국가가 확립됨

- 1689 | **존 로크의 《통치론》 출간**

- 1787 | **미국 필라델피아에서 헌법제정회의 개최**
  삼권 분립과 연방제를 골자로 하는 연방헌법 채택

- 1789 | **프랑스 혁명 발발**
  프랑스는 약 1세기에 걸친 입헌주의 국가로의 긴 여정을 시작함

- 1815 | **빈 조약 체결과 유럽협조체제의 출범**
  유럽에서 전례 없이 평화롭고 안정적인 국제정치 질서가 유지됨

- 1840~1842 | **아편 전쟁 발발**
  서구 열강의 중국을 비롯한 동아시아에 대한 제국주의적 팽창이 본격화됨

- 1871 | **독일 통일**
  프로이센 왕국이 통일을 주도. 베를린을 새로운 수도로 정함

- 1876 | **조선과 일본 사이에 강화도 조약 체결**
  조선이 역사상 최초로 다른 국가와 체결한 근대적 외교 조약. 중화 질서로부터 근대적 국제정치 질서로의 이행이 시작됨

- 1894 | **갑오경장**
  조선에서 근대적 국가 제도를 도입하려는 일련의 혁신이 단행됨

- 1914 | **제1차 세계대전 발발**
  '백 년간의 평화'가 종식됨. 그 이전에는 상상도 할 수 없던 규모의 인력과 자원이 전쟁에 투입됨. 총력전 개념의 등장

- 1939 | **유럽과 태평양 지역에서 제2차 세계대전 발발**
  독일과 일본은 전쟁에서 패배한 후 입헌민주주의 국가로 변신

- 1945~ | **탈식민화와 제3세계의 등장**
  다수의 신생 독립국 출현. 근대 국가 모델의 전 세계적인 확산

- 1945~1948 | **한국에서 미 군정 실시**
  근대 국가의 기본적인 골격이 갖추어짐

- 1950~1953 | **한국 전쟁**

- 1955~1975 | **미군의 베트남 전쟁 개입**
  북베트남 비정규군의 게릴라 전술에 화력과 물자를 앞세운 미국과 남베트남 연합군이 굴복

- 1957 | **로마 조약 체결. 유럽경제공동체의 탄생**
  유럽 통합의 시작

- 1961 | **한국에서 5·16 군사 쿠데타 발발**
  육군 소장 박정희가 집권에 성공. 강력한 국가 주도의 경제 발전이 본격화됨

- 1970년대 | **경제 위기**
  케인스주의 복지 국가 모델이 포기됨. 통화주의, 신자유주의 경제학의 득세

- 1989 | **베를린 장벽의 붕괴와 냉전의 종식**

- 1991 | **마스트리흐트 조약 체결**
  유럽연합의 기초가 된 조약으로 통화 통합에 합의

'비타 악티바'는 '실천하는 삶'이라는 뜻의 라틴어입니다. 사회의 역사
와 조응해온 개념의 역사를 살펴봄으로써 우리의 주체적인 삶과 실천의
방향을 모색하고자 합니다.

비타 악티바 25

근대 국가

초판 1쇄 발행 2011년 8월 31일
초판 3쇄 발행 2021년 5월 10일

지은이 김준석

펴낸이 김현태
펴낸곳 책세상
등록 1975. 5. 21. 제1-517호
주소 서울시 마포구 잔다리로 62-1, 3층(04031)
전화 02-704-1250(영업), 02-3273-1334(편집)
팩스 02-719-1258
이메일 editor@chaeksesang.com
광고·제휴 문의 creator@chaeksesang.com
홈페이지 chaeksesang.com
페이스북 /chaeksesang **트위터** @chaeksesang
인스타그램 @chaeksesang **네이버포스트** bkworldpub

ISBN 978-89-7013-798-8 04300
      978-89-7013-700-1 (세트)